三支笔的家庭旅行

刘开太　白春燕　刘明银 / 著

中国妇女出版社

前言　三人行，天已明

2014年，夏，三口之家的欧洲之旅。

起个大早赶机场，天色微明。

儿子刘开太，英文名字Nick，音译尼克，北京育英学校五年级小学生，11岁。给小学课本挑过刺，给习大大写过信，立志要当中国的法布尔，10岁发表了十篇作品。喜欢上学，更喜欢放假。每个学期一开学就盼着放假，一放假就盼着旅游，坐飞机、坐火车、看美景、吃美食，不需要上课，不需要写作业，对自己的三大爱好——昆虫、小号和篮球充满幻想。

幻想究竟能不能实现呢？

妈妈白春燕，英文名字Menu，音译茉妞。北京大学社会学硕士，年龄保密。毕业15年，做过出版社编辑，也曾跻身企业白领，后来成为某单位干部。最大爱好是管理儿子和丈夫。喜欢给儿子做饭，拿起炒勺精力无限。自以为对这次旅行做足了功课，一切尽在掌握。可这是儿子和丈夫最担心的地方，因为历史证明，“一切尽在掌握”的时候就是“一定会出事”的时候。

欧洲之行还这么灵验吗？

爸爸刘明银，英文名字Zeek，音译齐克。北京大学文学博士，年龄嘛，也保密。小时候讨过一次饭，最怕挨饿，后来念书成瘾，32岁才从北京大学歪歪扭扭地“爬”出来，现在“混迹”于一家中央媒体。喜欢出国旅行“开洋荤”，尤其喜欢挑茉妞的刺，还对尼克的体重忧心忡忡。害怕茉妞路上撂挑子，害怕尼克收不住嘴。

他担心的事情会发生吗？

临行前，齐克突然出了个“馊主意”，说要把欧洲之旅变成“家庭写作之旅”，三个家庭成员每天都把旅行故事写下来，不是流水账一样的日记，而是“亲子旅行教育故事”。每人要有自己的角度、自己的体验，欢迎奇思妙想，呼唤盖世奇文！

茉妞曾自诩为家中的“文豪”（被尼克戏称为“问号”），擅长“机关体”，从不怕耍弄笔杆子；尼克担心会破坏旅游的兴致，浪费旅行的时间，但毕竟小学四年级就开始发表作品，至今已发表过十多篇文章，对写作有热情，因此也信心满满地与齐克拍手成交。

齐克是劳动模范，每天早晚在手机上“点”个不停，经常点得右手痉挛。

茉妞说用笔写更有感觉，一路上竟然写坏了两支笔，花生米大小的字，写了两小本。

尼克在写了几篇之后大呼上当，可是“舌尖体”写出了感觉，发到微信上，受到国内叔叔阿姨的鼓励，一些同学和泳友也跟着起哄追捧，说看了之后馋得流口水，每天等着看，就像等着母鸡下蛋。于是尼克常常以寻找写作题材为由，要挟茉妞和齐克满足口腹之欲，带他遍尝当地美食，吃美了才写，否则“罢笔”。于是连夸带哄，连蒙带骗，恩威并用，软硬兼施，拍拍屁股捏捏脸蛋，再奖励两颗巧克力，一路下来，竟也写了十几篇。三口人加起来，70余篇，六七万字。

写得怎么样？各位“亲”评判！

目录
CONTENTS

Chapter 1 European Travel

Chapter 2 European Travel

Chapter 4 European Travel

Chapter 5 European Travel

Chapter 6 European Travel

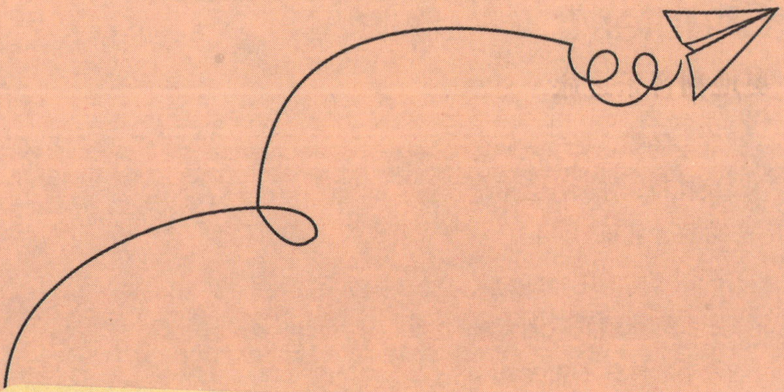

2014年7月26日　北京—伦敦

交通：飞机　汉莎航空LH721 转 汉莎航空LH916

起程：北京首都机场（北京时间10：30）——法兰克福机场14：45（北京时间20：45）

转机：法兰克福机场17：00（北京时间23：00）——伦敦希思罗机场17：40（北京时间01：40+1天）

酒店：斯汤顿酒店（Staunton Hotel）

地址：13-15 Gower Street，London，WC1E 6HE，位于伦敦布卢姆斯伯里，只需几分钟便能到达伦敦参众两院图书馆和大英博物馆。标准双床房，免费wifi，含早餐。

正面朝上，插入票口

Chapter 1

European Travel

飞向欧洲放大假

充满期待的欧洲旅程

AUTHOR · 茉妞

茉妞说

迷人的假期，最迷人的是一家三口的柔情蜜意，完全的放松，完全的真诚，不带一点儿虚伪，不需要任何恭维，任意调侃，随心所欲。

这次的行程，与往年一样，在尼克的呼唤中酝酿，在齐克的催促中筹备，在茉妞的行动中实施。

全家会议决定，暑假自由行欧洲。5月底，茉妞才开始安排行程，一项一项列出计划，提出日程：规划旅行路线、订机票、订酒店、订欧铁火车票、打印各种订单、申请英国签证和欧洲大陆申根国家签证、订一日游，等等。一环扣一环，一天接一天。一算计，时间还挺紧张，根本容不得半点儿差错。

还好，茉妞女士“艺高人胆大”，她毅然下了第一单，订下了7月26日从北京飞往伦敦的机票，返程则是从维也纳到北京，往返都在德国法兰克福中转，不能退改签。

一下子就把三个人逼到了无法回旋的地步，但是，便宜啊，三个人往返机票2.5万，比直飞便宜一半呢！

就这样，一切以这个时间点开始倒排。

将近两个月的时间，月光伴日出，茉妞居然把一切手续都办好了，只等着起飞的那一天！

心已飞向远方

誓师芒果奶昔

AUTHOR·齐克

茉妞说

从多个角度欣赏孩子，包括他吃饭的时候、他写作的时候、他跟别人说话的时候……你会发现，原来父母创造了一个多么了不起的奇迹！

三杯芒果奶昔，“当”的一声碰在一起，宣布了欧洲之行的开始！

做芒果奶昔是茉妞的拿手好戏，无非是用酸奶和芒果搅在一起，做成一种糊状的饮料，却成了她要挟齐克和尼克的“撒手锏”，只有这爷俩儿乖乖听话并且能满足她的某些要求时，才能满足一下味蕾。

果然，茉妞爽爽地喝下半杯，提出新条件：“老哥，明天欧洲之行就开始了，你能不能少批评我？”又转向尼克：“儿子，你能不能少嘲笑我的英语发音？”

尼克的一杯芒果奶昔已经见底了。他根本不接茬儿，端起盛芒果奶昔的玻璃桶，又倒了一杯。

茉妞似乎忘了她刚才说的话，“卑贱”地讨好尼克：“儿子，芒果奶昔味道怎么样？”

尼克仍顾不上回答，又喝了一杯。

齐克针对茉妞的话，反唇相讥，当然是要把尼克拉到他这边：“我们从不敢批评你，最多只是向‘暴君’抗议！”

茉妞瞪齐克，齐克只顾把菜送进嘴里，躲开她的锋芒。

尼克的第三杯已经空空如也，他奇怪地看着一时陷入沉默的齐克和茉妞，用表情吸引着他们的视线，偷偷地伸手去倒第4杯。

茉妞还是发觉了，得意地制止尼克：“儿子，妈妈做的芒果

欧铁火车票就订了这么多，不容易

奶昔是不是很好喝呀？……那你也不能再喝了，先吃点儿别的东西，妈妈还做了一桌好菜呢！”

尼克收回手，看着茉妞说：“我爸说得对，我俩最多只敢向‘暴君’抗议，哪敢批评你呀，哪敢嘲笑你呀！”

茉妞更得意了：“这就对了，你们乖乖的，我就带你们去欧洲！”

齐克和尼克递个眼神，尼克率先发难：“你要是发错了音，不让我给你纠正呀？”

齐克紧接着：“你要是做错了事，不让我给你指出来呀？”

“忍着！”茉妞大吼一声，半杯芒果奶昔一饮而尽，细长的脖子被她自己酿造的美味噎了一下，丰满、蓬勃的胸脯得意地鼓起来，又骄傲地落下去。

这就是15天欧洲之行的誓师宴！

头等舱为什么就可以捉弄人

AUTHOR · 茉妞

茉妞说

机场是孩子的大游乐场，放手让孩子玩，孩子就会有“君临天下”的感觉。

茉妞最爱的感觉，莫过于“一切尽在掌握”。要在陌生国度的长途旅行中获得这种满足感，意味着更多的准备工作。

掌握行李。出发前一天，茉妞把三人的行李一样样分门别类摆在沙发上，衣服、鞋、洗漱用品、备用药、化妆品、外币、信用卡、干湿纸巾、护照等，一切尽备。

掌握时间。关于出发时间，茉妞全家一致决定做最大提前，10：30的飞机，6：00出门！前一天晚上约好的出租车，清晨一路畅通，6：30即到达首都机场T3航站楼。

掌握登机手续。找到汉莎航空公司柜台，只有一家德国人比他们到得早，在显示屏查清楚登机办理柜台和时间后，茉妞放心了，让全家到后面的凳子上休息，自己则不时到柜台前看看情况。

很好的势头。然而真要“一切尽在掌握”，谈何容易？

果不其然，接下来就失控了。

7：10，茉妞带领全家到3号柜台前排在第一个，希望不要再等候太久。但等了半天，已经到登机办理时间了，周围一个人都没有。终于来了一个工作人员，请他们到对面去办理，这时柜台显示屏上出现了三个字：头等舱！

机场推手

茉妞一家坐不起头等舱，只能被显示屏耍弄，这不是拿经济舱的乘客逗闷子开涮吗？

这半天队白排了！而此刻，对面的经济舱柜台前，已经人头攒动。

茉妞直摇头，心想，怎么这么多人飞往法兰克福啊！

齐克想，为什么我们不是坐头等舱的人？

小小的尼克好像还没弄明白发生了什么事情，没觉得这种等待有什么不好。他在和齐克玩推手游戏呢，他已经可以经常战胜齐克了。

茉妞马上排到另一个队伍后面，尼克和齐克紧随其后。时间还早，其实根本不用着急。因为失控，茉妞两眼茫然，嘴巴稍张，一副着急的样子。这个表情被尼克注意到，成为嘲弄她的一个新题材。接下来的行程中，只要茉妞一着急，尼克就模仿她的表情。这倒给旅途增加了一剂笑料。

登机牌办好了，但不理想。茉妞本想三人一排，没能如愿，被拆开了。这让她隐隐地产生了一种不祥的预感：会不会“起大早，赶晚集”？

接下来的行程，茉妞的预感竟然准确地应验了！

机场巧遇

AUTHOR · 尼克

尼克（就是我）原本觉得这一路会很无聊，但没想到的是，竟然在办登机牌的时候碰到了两个校友，冯子乐和赵兰昊。一开始我只看到了老冯，都没敢认他。我本以为他会长高、长胖很多，但他看起来不但没长高长胖，还变瘦了很多。老冯和我原来都是学校游泳队的，我现在已经转战篮球场，而他还在坚守水中的阵地。

每当我看到自己的泳裤时，都会觉得有些伤感，又有些怀念在游泳队的时光。

后来我看到了赵兰昊，我们三个才认出彼此。赵兰昊这哥们儿已经永别了小学的生活，可能是因为这个原因，他看起来一直都很伤感。

茉妞说

尊重孩子的朋友会让孩子充满自信。

“大猩猩”和“小猴子”

之后，我得知，我们乘坐的是同一班飞机到法兰克福转机，但后面我们的航班就不一样了。在登机时，我就没再看见他们，希望我们能在英国再次相逢。

一只大猩猩，两只小猴子

AUTHOR · 齐克

在首都机场，尼克巧遇两个校友——冯子乐和赵兰昊。冯子乐与尼克还是泳友，曾和尼克一同入选北京育英学校游泳队。冯子乐现在还在游泳队，而尼克已经转战篮球场了。

几天前，尼克翻出泳帽、泳镜，伤感得要掉眼泪，喃喃自语："好怀念在游泳队的那些日子呀！"

是呵，尼克练了8年游泳，2岁就下水了，4岁时《新京报》就报道过他游泳的事迹，并取得过北京市第四名的成绩，在泳队有一群好队友、好哥们儿，经常在换衣间里打打闹闹，高兴至极。因为与吹小号的练习时间冲突，他只好放弃了游泳，告别了那些好哥们儿……唉，人生的无奈连小学生都不放过！

没出北京就遇到泳友，世界真是太小了，人生何处不相逢！

先后办过登机牌、安检，在去登机口的路上，当年的泳友现在的爱好已经很不相同。冯子乐要随他妈妈逛免税店，赵兰昊说他是一个"商场爆"，平时最喜欢逛商场。这与很多男生的习惯不同，有个性！

而尼克则急不可耐地要去找餐馆，他是个大胃王，已经快饿得像疯狗一样了——那是最可怕的事情！在齐克看来，尼克的饥饿是地球上的三大灾难之一，另外两个是地震和海啸！

齐克常常感到困惑。他出生在农村，春暖花开的时候，也正是庄稼青黄不接的时候，没有粮食，常常挨饿。一生中唯一的一次讨饭，就发生在尼克现在这个年龄——11岁的时候，可那时的他也没饿得像尼克这样疯狂！

去登机口的沿途只有两家餐馆——一家比萨饼店，一家咖啡店外带卖汉堡，都不是尼克想要的，他想要的是牛肉面。

一周前，齐克带尼克去海南时，在机场吃过一家牛肉面，尼克大加赞扬，来机场前就憋着劲再来一大碗。可是今天错过了那家店，有些遗憾，只好退而求其次，让茉妞去买比萨。

等比萨的过程中，尼克和赵兰昊发明了一种游戏，他们把机场的手推车当滑车，相隔20多米，推来推去！

哈，早餐来了，不是比萨，是面包香肠。尼克旁若无人，甩开腮帮子，为他120多斤的体重，继续增加分量！

他不是胖，而是壮，健壮的骨骼，强劲的肌肉，篮球中锋的好材料，就是个儿矮了点儿。

齐克清楚地记得，半年前，尼克还不到11岁的时候，体重曾经超过130斤。而冯子乐和赵兰昊，年龄和他相仿，体重60斤多一点儿，差不多只是他的一半！尼克对他们三人好有一比，说他自己像只大猩猩，而冯子乐和赵兰昊瘦得像两只精明的猴子。

转眼间，面包香肠烟消云散，看着尼克满足的样子，齐克隐隐感到，这次欧洲之行如何控制尼克的体重，将是一个巨大的难题。

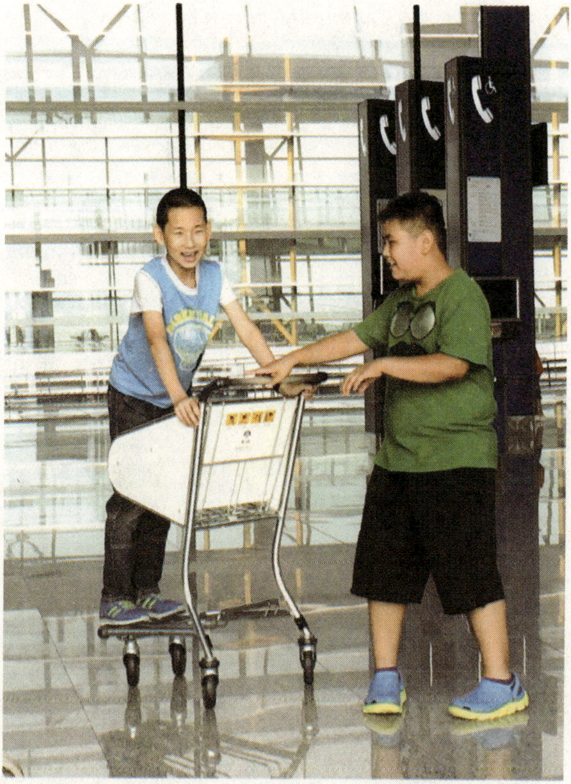

机场手推车变成游戏工具

云层上的美味

AUTHOR · 尼克

俗话说得好，民以食为天。就算在云层之上也是如此。在飞往法兰克福的那9小时中，吃饭算得上是最快乐的事情了。

中午饭是牛肉饭，微辣、咸香、味道浓厚的牛肉，配上新鲜的油菜，和蛋炒饭拌在一起，最重要的是要用筷子吃，能把所有中国人暂时带回他们朝思暮想的美丽家乡。

晚饭中餐、西餐都有。中餐是猪肉饭，蛋炒饭饱满弹牙，猪肉爽滑、细腻，肥而不腻，还带着时不时就会迸发出几分野性的小嚼头，一入口就能使人感到愉悦。

茉妞说

飞机上的各种设置，鼓励孩子大胆使用。科学往往就在眼前。

汉莎航空：德国王牌

西餐是我很喜欢的意式空心粉，空心粉很Q、很爽脆，也很弹牙，与香浓的芝士和新鲜的芹菜同炒，风味独特，不仅能果腹，还能满足人类天生对美食的渴望。

舌尖上的空中航程

AUTHOR · 齐克

汉莎航空，德国的王牌，第一次乘坐。从北京到伦敦，原本与德国没有半分钱关系，可是要乘德国的航班，就要到法兰克福转机，德国航空业的发达可见一斑。

首都机场，T3航站楼，国际出发，汉莎航空的英语却是Lufthansa，汉莎（hansa）前面多出4个字母。

“什么意思！”齐克问茉妞。茉妞摇头。

问题一直带到飞机上，尼克和齐克排队等厕所的时候，问一个男乘务员。他似乎被问倒了，去请教了一位老乘务员，回头说：“Luft是空中的意思，汉莎是来来往往很忙碌的意思，合起来就是忙碌的空中飞行！”

茉妞说

“馋”正是孩子旺盛生命力的体现。

其实茉妞一家没有义务为一家德国航空公司做广告，满足一下好奇心就行了。

尼克真正好奇的，不是这架双层飞机，也不是它丰富的空中娱乐节目，而是它的食品。尼克对飞机餐永远充满了期盼，只有一次吃腻了：2013年去美国，空中飞行12个小时，连吃了三顿美国飞机餐，中间还有两次小吃，都是美国那种又甜又腻的蛋糕、面包、巧克力之类。茉妞还记得，当一个胖胖的黑人大妈笑容可掬地把最后一大块巧克力面包送到尼克面前的时候，他终于忍不住说："我要吐了！"

在齐克的记忆里，这话好像是茉妞说的，对美国的飞机餐，她早就崩溃了，可她早有准备，从国内带了10袋榨菜，中国的咸降住了美国的甜!

汉莎的午餐上来了，牛肉米饭、面包黄油，尼克很满意，开吃!

齐克的表现略有不同。从早上5点起床到这时，齐克的"后门"一直在悄悄输送"气体朋友"，这表明昨天晚上茉妞的食谱很让他满足……不对，昨天的晚饭是齐克做的，茉妞一直忙着收拾行李，只做了芒果奶昔……昨晚吃多了，省了今天的早餐，尼克和茉妞吃面包香肠时，他只是做了看客。

瘦高挑的德国男子送餐时，齐克的饿劲儿上来了，想多要一份（他坐飞机时老这么干，替飞机消灭掉发不完的餐盒，还可以省掉下飞机后的饭钱），怕日耳曼人笑话，忍住了。

看看齐克吃饭的速度，就知道尼克为什么是大胃王，又会常常饿得像疯狗，遗传基因是决定性的原因。一盒飞机餐，分分钟一扫光，外加尼克赠送的一盒黄油，还没压住咕咕饥肠，趁“瘦高挑”送饮料的时候，齐克马上理直气壮地说：“再要一个面包！”

惊喜来了，不是一个，而是两个，两个黄澄澄的面包，而且“瘦高挑”面带微笑，像所有欧洲饭店里的老服务员做得那样，比点餐的人看起来还有绅士风度！

尼克瞥来艳羡的目光，齐克大方地分给他一个。尼克来者不拒。那一瞬间，齐克想，我像不像一个空中老乞丐，把祈求来的食品分给讨不到食物的小乞丐？

汉莎的空中节目很丰富，有电影，有动画片，还有搞笑的真人秀。吃完了看，看累了睡，睡醒了吃，吃完了再看……循环往复，9个小时的航程，需要点儿耐心。好在“瘦高挑”又送饮料，又送小吃，还有汉堡和方便面。

尼克选了方便面，齐克选了汉堡。齐克几口就吃完了汉堡，尼克的方便面需要泡一会儿，一个圆圆的小纸碗，没多少面，香味儿却一股股地飘出来，不仅吸引了齐克的鼻子，也吸引了他的眼睛，还有口腔中悄悄分泌出的液体，那是世界通用的语言——哈喇子！

尼克开吃了，纸盖掀开，香味溢出。尼克旁若无人，没注意到齐克渴望的眼神！齐克当时只有一个想法：如果儿子吃完面不喝汤，我马上把碗接过来！

面一根根、一缕缕地减少，只剩下汤了，尼克推了推碗，似乎要结束这顿美味的小吃，齐克抓住时机，问道：“汤还喝吗？”

尼克并不急于回答，而是端起碗，细细地品了一口：“真香！”

齐克绝望地把目光投向别处，突然记起儿子3岁时吃方便面的情景：齐克陪尼克游泳归来，没带家里的钥匙，尼克说饿了，齐克就在楼下的小卖部买了一碗“来一桶”，借小卖部的热水泡上。游泳把体力消耗殆尽，尼克很轻松吃完“来一桶”，舔着嘴唇说了一句惊人的广告语：“来一桶，真来劲！”又说没吃饱，还想吃。齐克又买了一个袋装的，放在刚吃完的那个桶里泡上，尼克又轻松地吃掉了……事后，齐克给这个方便面厂家写了封信，把儿子的这顿“豪吃”讲给人家听。可能厂家觉得齐克是想编故事骗方便面吃呢，根本没理齐克，因为他一直没有收到回信。

尼克的大饭量也许就是从那一顿方便面开始的。还有一次，是齐克曾经引以为豪向朋友炫耀，后来又引以为耻的——尼克在3岁左右的时候就一次吃掉9张荷叶饼包的北京烤鸭，是齐克一张一张为他包起来的。尼克吃得满嘴流油，看得茉妞直担心他撑着！

齐克常常对自己的做法反省、后悔，可是儿子的胃已然撑大了，你不把他喂饱了，还算是合格的父亲吗？可最不合格的是把儿子撑成一个胖子。纠结呀！

纠结中迎来了9小时航程中的最后一顿饭——意大利通心粉和猪肉饭。尼克选择通心粉。齐克搞不明白，尼克为什么对意大利食品那么感兴趣？

这次欧洲之行本没打算去意大利，就因为尼克说想吃地道的意大利面和比萨饼，齐克和茉妞才决定绕道米兰。没想到，飞机上看起来干巴巴的通心粉，尼克仍不放过！

哦，对了，9个小时怎么没有茉妞的消息？她选了个能伸开腿的座位，在尼克和齐克的前排，不时回过头来监督他们。有一次，她拉过齐克的耳朵，小声说："我不能再胖了，再胖经济舱的座位就盛不下我的屁股啦！"

不得不说，在控制体重和饮食方面，茉妞是敢于对自己下狠手的。果然，她把最后一餐的牛肉米饭送给了齐克！

如果亲爱的读者以为尼克的空中美食就这样结束了，那是你对尼克的饭量还不完全了解，他的"疯狗状"还没出现呢！好戏

欧洲在呼唤

就在后面，接着看吧！

飞机竟然提前一小时到达法兰克福机场，要在机场停留2个多小时才转机去伦敦。

尼克提出要求，想尝尝法兰克福机场的美食。

齐克和茉妞轮流劝，说去伦敦的飞机上还有饭，吃太多了，影响打篮球时的速度！

尼克控制了自己，从机场的餐馆经过时，故意把眼睛躲开，不去看餐馆橱窗里陈列的各种美食。可没想到美食的广告无处不在，一个烤牛排的广告不知怎么就挤进了尼克的眼帘，尼克好像是故意逗齐克，伸出舌尖说："老爸，能吃一份牛排吗？"

齐克再次拒绝了他！齐克知道，一个称职的爸爸有时需要扮恶人！

老话说："十五六，吃死舅，十七八，吃穷家。"尼克才11岁，平时从来也没饿着他呀，怎么看见吃的东西就走不动路？

好在齐克和茉妞还是有底线的，该控制的时候，尼克是跳不过这条线的。

本以为挨过这一关，等上了飞机，让尼克再吃一次飞机餐，就可以熬到伦敦了。可没想到，节食计划被一场不期而遇的暴雨打乱了！

下雨了！好大的雨，电闪雷鸣，隔着机场的玻璃可以看见大雨如注。十几分钟，停机坪上几乎可以养鱼了。

最担心的事情还是发生了，航班延误，先说推迟1个小时，后来又推迟了1个半小时。

法兰克福时间下午6点，北京时间已经是夜里12点了，也就是说，从早晨5点半起床，6点出门到现在，尼克一家已经在路上折腾了18个小时还多。成年人都快受不了了，何况尼克呢！

尼克虽然暂时忘记了牛排，但身体已到极限，再加上飞机餐已消化得差不多了，他表现出最糟糕的状态——“疯狗状”，狂躁、愤怒、不停地抱怨，还用最恶毒的语言骂天气、骂机场、骂航空公司，好像全世界都变成了他的敌人！

茉妞想用母亲的温柔体贴安抚一下他，把他揽在怀里，让他冷静一点儿，可是他拿头撞她。齐克想让他转移一下情绪，陪他玩石头、剪子、布，可是他翻着白眼：“有什么好玩儿，无聊，幼稚！”

齐克和茉妞都知道这种情况该怎么对付，带尼克去吃饭！

窗外暴雨中的法兰克福机场

一份火鸡腿汉堡，一份意大利面，一杯浓浓的橙汁！大口吞咽，小口品尝，没几分钟，风卷残云，心满意足。

尼克马上满血复活，美好的世界又回来了！飞机也终于该起飞了。

在飞往伦敦的班机上，尼克自愿实施写作计划，双手一直在手机屏幕上点个不停。

齐克也开始了自己的写作。

让齐克感到意外的是，当满脸笑容的日耳曼空嫂把一份汉堡送到尼克面前时，尼克与半小时前的“疯狗状”判若两人，他用一种少见的对食品的蔑视态度，很优雅地说了句英语：“I don’t want it，thank you.（我不要，谢谢！）”

火鸡腿汉堡和意面

AUTHOR · 尼克

在法兰克福机场，我们本以为飞机不会延误，但是在快登机的时候，突然下起了倾盆大雨，没过多久，机场就变成了一片汪洋，水深都可以游泳了。

飞机只好推迟到6点半，之后又推迟到7点半。

我已经变成了一只疯狗，饿得要命，于是齐克决定带我去吃饭。

来到餐厅，我们点了一份火鸡腿汉堡和一份意面。先上桌的是火鸡腿汉堡，面包表面撒了一层面粉，让面包变得爽滑、细腻，再抹上一层烧烤酱，给汉堡带来更加浓郁的味道，新鲜、爽口的生菜给汉堡添加了一种清甜的感觉，又能与烤得外焦里嫩、

茉妞说

孩子的创造才能，就在他的笔下。

味道浓厚的火鸡腿奇妙地融合在一起。一口咬下去，丰富的层次感给人带来了一种说不清的愉悦感。

接着意面上桌了，用番茄炒的肉酱盖在面条上，香气扑鼻。把芝士倒在肉酱上，再与面条拌在一起，芝士在高温中熔化，造就了意面绵密的口感。

一顿西餐下肚，我满血复活了，回到登机口继续等待飞机的到来。

转机，无奈的等待

日落前赶到英国

AUTHOR · 齐克

飞机降落在伦敦的时候，已经是当地时间晚上9点多，太阳竟还没落。这对尼克来说是太过漫长的一天，不可思议，简直是奇迹。

齐克对尼克说："英国曾经叫日不落帝国，就是它的国土或殖民地太多了，地盘太大了，占据了地球的大部分面积……"

尼克嫌齐克啰唆，抢过来说："在英国的国土上，总有一个地方太阳是升起来的，挂在空中的，落不下去的。"

齐克还能说什么呢？

但是现在英国不敢再叫日不落帝国了，因为它的殖民地已经几乎没有了，香港都回归中国十多年了，日不落帝国的神气劲少了很多。

漫长的旅程，兴冲冲起了大早，却比预计时间晚了4个多小时抵达。好在天黑之前赶到了伦敦，没有太影响他们的心情。

茉妞把齐克和尼克带进她预订好的斯汤顿酒店，开始计划在伦敦的行程。

“屁股大”的房间

AUTHOR·茉妞

齐克一家在伦敦下榻之处，是Gower街上的Stauton酒店，艺龙把它译成斯汤顿酒店。茉妞订它，是因为离大英博物馆近，走路只需2分钟而已。

一出伦敦希思罗机场，齐克用他自学成才的英文跟出租车司机报上地名，司机茫然无解，茉妞挤上去，把酒店订单往司机面前一放，指着Stauton Hotel的店名，说：“Here！（去这里！）”司机马上就明白了！

夫妻俩谁也没说话，一个得意、一个失意地上了车。茉妞跟尼克说：“看，司机一听就知道咱的酒店，一定不差，四星的，花了我快8000块呢！”

茉妞说

一家人之间的幽默是人类文明史中最动人的笑话。

到了，老房子外观整洁漂亮，深灰色肃静威严，铁门紧闭。按了门铃进去，小小的前台，服务员只有一个年轻女士，绝对没有美国人的热情，也没有中国人的礼节，依然坐在她小小的桌子后面，问了好，很迅速地办了入住，与茉妞交代清楚早饭的就餐地点，他们的房间位置等。当她看清茉妞身后还跟着一大一小两个男人，她担忧地、抱歉地、惴惴地指着订单上写的“一个成年人”说，不知道还有两个人，她安排的是两张单人床，可以住吗？

这在茉妞看来，根本就不是问题，两张单人床拼起来不就可以了，比一张双人床还大呢，于是毫不在意地讲OK，服务员才放松下来。

没想到，酒店这个小啊。

尼克说：“屁股大点儿的地方。”

齐克说：“屁股还有大有小呢！”

一个不到20平方米的房间，洗手间、一桌一椅、一个行李架、两床、两小柜、一个衣柜，还有一台电视、一个冰箱，码放整齐。

刚进来，茉妞简直要崩溃了，受不了啊，太挤啦。可住下来，竟也很快习惯了。别看小，但起居坐卧各有安排，还很有序。

酒店里人也少。除了早餐厅里两个厨娘兼服务员和前台的服务员外，并不见一人。房客也都悄无声息，只在早餐时才会碰面。

安静而墨守成规的伦敦人！

大管家茉妞的成功箴言
——旅途中的智慧和运气

01
该花的钱一定要花，确保亲子行程安全舒适

避免人云亦云，充分征求家人需求，确定真正适合家庭口味的行程。

欧铁火车票一定要订头等座，人少、安静、舒适，多出许多趣味。

酒店一定要订在家人最感兴趣的景点附近，多数是市中心。

02
行程预订下手要趁早

比如准备在孩子暑假出行，最好是春节开学后就开始研究路线，下订单，准备签证。茉妞这次即是涉险而行，如果不是有中法文化年活动法国大使馆两天出签的优惠政策，有可能签证时间不够用，根本就走不成呢！

03

不该花的钱尽量不花，但需智慧、辛勤和运气（土豪自便，尽可忽略）

在大型旅游类网站可以方便并有保障地完成酒店、交通预订，不要通过旅行社办理，这一项茉妞省了三分之一的费用。

不要迷信任何签证攻略，不需要找任何签证代理，具备初中英文水平足以自行办理签证。按照目的地国大使馆签证中心要求准备，旅游签证只是手续烦琐，但还是很简单的，这一项茉妞省了7200元。但所有中文文件必备英文翻译件，否则哪怕一页只有几个中文字也要被签证中心收取每页75元的天价翻译费，茉妞有10页文件没有翻译，被英国签证中心收取750元，现在想起来心都在滴血！

订机票不一定要订直飞的，同一个航空公司提供的有中转的航班路线也是不错的选择，但要选不绕路、中间停留时间在3小时左右的比较合适，茉妞预订的机票价格比直飞票省一半。

在欧洲大陆乘火车旅行，超过三四个车次即可考虑订通票，在欧洲铁路公司中国网站上根据自己的需要选择通票类型，一般车次尤其是一等车厢人都不会满，不需要特别预订座位，可以省下不少的订座费和出票费；订英国和欧洲大陆之间的欧洲之星火车票，自己留意并向欧铁公司的工作人员咨询一下，有可能会订到特殊折扣票，茉妞就订到了3张半价票哦！

7月27日：伦敦市区游

游览白金汉宫、西敏寺、大本钟、威斯敏斯特大教堂、伦敦眼、乘泰晤士河游船前往格林尼治山，参观格林尼治天文台，往返途中经过了格林公园和海德公园。

7月28日：温莎古堡–巨石阵–牛津大学一日游

在酒店报一日游，跟团前往古色古香的小城温莎，入内参观著名的温莎古堡，乘车前往巨石阵参观史前奇迹；前往英国历史最悠久，也最负盛名的大学牛津大学；傍晚返回伦敦。

7月29日：伦敦博物馆游

参观伦敦大学校区、大英博物馆、自然历史博物馆及科学博物馆。

7月30日：伦敦–巴黎

上午酒店休息，下午乘欧洲之星至法国。

正面朝上，插入票口

Chapter 2

European Travel

伦敦四日

“简政放权”第一天

AUTHOR·茉妞

7月27日，伦敦当地周日，天气多云有微风，欧洲自由行的第一天开始啦！

鉴于之前多次出行时，茉妞总是不辞辛苦地包办一切，但齐克和尼克总有各种各样的不满意，对茉妞的挑刺、嘲讽及抱怨从未停止，所以这次茉妞决定：简政放权！

首先，茉妞早上先给了齐克350英镑现金，还有一张招商银行多币种信用卡，然后郑重宣布：“我只负责城际之间的交通和住宿事项，每个地方的游览行程由你负责！”

一瞬间，齐克脸上出现了一种奇怪的表情：惊讶、茫然，还有一丝丝不情愿和压力山大的样子。但他还是一口应下来，口里

茉妞说

旅行中的分工，可以锻炼一家三口的管理和交流能力。

放权之后，茉妞笑得好轻松

说着：“听尼克的，听尼克的。”

尼克不耐烦地说：“听我的？我哪儿知道去哪儿！”

于是，三人在齐克的带领下，在酒店用过早餐，费尽周折上了公交车，靠的是齐克信奉的“鼻子底下有嘴——问”。

一路顺利，到了白金汉宫，又“腿儿着”左转右转，糊里糊涂地来到了威斯敏斯特大教堂、大本钟、伦敦眼，用了午餐后全家乘船来到格林尼治天文台。

虽然中间有些小小的波折，但是茉妞真心觉得，千斤重担暂时卸下来，还可以以群众的身份不时跟领队小小地抱怨一下、别扭一下，那感觉，真是棒极了！

但是，不知齐克这一天下来怎么想？是否体会到了领队的不易？是否察觉了微妙的“群众心理”的可恨之处？

尼克的儿童票呢

AUTHOR · 齐克

初到一个地方，儿童往往比成年人适应得快。

比如喝水，中国的成年人到欧洲、美国，最适应不了的是没有热水泡茶喝，要喝自来水。尼克就能适应，不仅能直接喝自来水，还特别愿意吃冰。这是去年在美国养成的习惯。抱个冰桶，从制冰机里接上一桶，像吃巧克力那样吃，发出“咯嘣咯嘣”的响声。

酒店的早餐多数是冷冰冰的玩意，酸奶、牛奶、果汁，都是冰的。尼克很喜欢，齐克和茉妞却别扭死了。还好，英式早餐提供一壶热茶或热巧克力。西餐更别扭，鸡蛋和西红柿分着煎，茉妞气得直撸胳膊，恨不能把厨师赶出厨房，让给她。她弄一锅西红柿鸡蛋汤，保准美得整个伦敦得咬住舌头！

齐克也不满，吃煎西红柿时故意发出“吐噜吐噜”的声音，整个餐厅都听见了。

“我们不认识他！”这是茉妞和尼克定好的攻守同盟，说只要齐克做出什么不文明或神经失控的行为，他们就装作不认识他。

茉妞和尼克拿眼睛瞪他，嫌他不文明，齐克心说，西红柿都煎不好，伦敦绅士的文明怕都是装出来的吧！

伦敦第一天，计划坐公交车去白金汉宫，一出门再次找不着北了。伦敦的公交车上竟然不卖票，要到地铁站或街面蓝亭子里买好票才能上车。

找地铁站费了半个小时，齐克和茉妞纷纷表示别扭，一边走，一边批判伦敦。

尼克还好，问路的事不归他管，玩呢。他在路边商店里买到两瓶可以喷到嘴里喝的矿泉水，像水枪，这似乎很符合他的兴趣。他拿瓶嘴对着茉妞的嘴喷，由于用力不够，水柱软软地落到茉妞胸前的衣服上。茉妞正烦呢，恼羞成怒。尼克却满足地笑了！

车票是家庭一日交通套票，两个成年人，一个儿童，总共20多英镑，每人一张。尼克握着自己的车票上车，很自豪地向司机出示，然后走到双层巴士的第二层，美美地看沿途风景。一家三口议论着伦敦街道、建筑的好坏，说说笑笑，倒也自在。

伦敦自在乘公交

按说，到这里，公交车票的故事就该结束了，可是中午突然出现新的情节，悬念陡增。

一家三口在泰晤士河南岸吃午餐的时候，计划接下来坐船游览。

茉妞说，公交车票能当船票用吗？尼克和齐克对这个想法感到敬佩。茉妞找车票验证，突然发现尼克的儿童票不见了！

“我上车后就交还你了！”尼克肯定地说，看着慌乱地翻找背包的茉妞。

齐克马上找出自己的票，还好，它安然躺在腰包里。齐克踏实了，同情地看着茉妞，心里极力压制着幸灾乐祸——有这件事拿住茉妞，至少她不敢肆无忌惮地训斥跟在她身后的这两个男人！又一想，不对，一到伦敦她就说让齐克做领队，她跟着的，她为什么抢着接管尼克的儿童票？剥夺尼克自我管理的权利？跟就有个跟的样子，为什么不好好跟？连张车票都保管不好？

这些话只在齐克的脑子里一闪而过，一句也没说出来。怎么能够呢？女人在任何时候都需要安慰，更何况在犯了错误的时候！

“尼克的确给我了，我肯定是一会儿掏钱，一会儿翻地图，弄丢了！”

茉妞十分懊恼，把自己的包翻了好几遍，对着自己的票看了又看，心想，哪怕丢自己的票，也不该丢儿子的票啊！

“你真是个负责任的妈妈，怎么单单把尼克的票丢了，自己

船游泰晤士河

的票保管得那么好呢！”这么恶毒的话齐克是说不出口的，他也就是在心里奚落一下能干的妻子，说出嘴的话体贴极了：“没关系，丢就丢了呗，回头再买。”

接下来，尼克度过了一个没有儿童票的下午。

买泰晤士河的船票时，茉妞向售票员出示了她的公交票，还没来得及解释尼克的儿童票丢失的事，对方一看是三口之家，就给办了打折。

从格林尼治天文台乘坐188路公交车回宾馆时，茉妞又准备好向司机解释，可是车一来，先上车的是齐克，他向司机出示了车票，接着指了指身后的尼克，不等说话，司机已经挥手让尼克上车了。

一家三口坐在双层巴士上层的最前排，欣赏着车外的风景，尼克很快睡着了，茉妞却还在回味丢票的事。

两次，尼克都幸运地躲过出示车票，看起来捡了个大便宜，可会不会留下后患呢?

茉妞看过一篇关于信誉的文章，说一个中国女孩到英国留学，经常坐公交车，发现公交车司机有时不认真检票，逃票很容易。她想省点儿学费，就动了心思，多次逃票，只被发现过三次，当时什么事情也没发生。几年后，女生以优异的成绩毕业，准备在伦敦找工作，报考了多家公司，初试、面试都很顺利，可没有一家公司录取她。最后，她问一家公司的人力资源部经理为什么拒绝她。对方有点儿为难地说，你各方面都很好，可是你的信誉档

坐上双层巴士回酒店

案显示，你在伦敦曾经逃过三次票。也许你不是故意的，可在你的信誉记录里显示了这三次逃票的经历，这将是伴随你一生的污点，我们很替你感到遗憾……

茉妞和齐克都有点儿担心：尼克是否也有两次逃票的行为被记录在案了？在伦敦，在英国，尼克已经是有信誉危机的人了吗？尼克的儿童票究竟去了哪里？

这是在188路伦敦公交车上昏昏欲睡的茉妞、尼克和齐克留给英国的“最大历史疑案”！

教堂墙外的热狗

AUTHOR · 尼克

我们本想去参观威斯敏斯特大教堂，但没想到星期日闭馆，只好离开。

我有些饿了，幸亏不远处有一个热狗店，我迫不及待地跑了过去，花4.75英镑买了一个热狗。

面包本来又凉又硬，但夹上温热的香肠后，面包在热量的作用下慢慢软化，最后变得松软、饱满。撒上酥脆的炸洋葱碎，让热狗有了更加丰富多彩的香味。最后淋上酸甜的番茄酱，给它带来了更加多元的味道。这就是热狗，让我欲罢不能的一种西式小吃。

我买了热狗，和茉妞、齐克坐到一起，我一口一口地吃，他们从两边一眼一眼地看，看得我都“毛骨”了。但不管他们怎么看我，都阻挡不了我品尝美食的决心。

威斯敏斯特大教堂外的热狗亭

屁股比赛

AUTHOR·茉妞

临行前头一天，茉妞去商场买旅行背包，停好车往前走，听到后面有个男人高声清楚地叫道："好大的一个屁股！"

臭流氓！茉妞回头愤愤地瞪过去，但一看之下，马上收回眼神，快步逃开了。对方两眼眉之间超宽的距离显示他是个标准的唐氏综合征患者，只是不受控制地把正常人的心里话放大了出来。

但自己的屁股究竟有多大？茉妞很好奇，也很担心。

在北京，每看到一个胖子，她就会用眼色询问尼克，尼克心情好，就会闭着眼说："放心，她大！"若是心情不好，一定说"你大！"

来到伦敦，茉妞询问两位的频率明显翻了倍，因为这儿的大屁股实在是太多了，让茉妞有了难得的参照系，想趁机搞清楚，自己的屁股看上去究竟是有A那么大，还是B那么大。

在前往格林尼治天文台的路上，茉妞的行为疯狂啦！一路时间有点儿紧，从泰晤士河游船上下来已经4点，天文台1小时后关门，赶着上山的人们一个个撅着屁股猛走，于是大屁股们"扑眼而来”！

茉妞不住地用中文问爷儿俩：“谁大，谁大？”得到的回答总是：“你大！你大！”

“不可能的！”茉妞不停地惨叫。

终于，齐克和尼克忍无可忍了，当又一个大屁股出现时，齐克不等茉妞发问就说：“你要不信，你往前走，拍照片你自己对比。”

大屁股比赛

他觉得茉妞不会同意的，想趁机让她罢手，没想到茉妞两眼放光：“好主意！”三两步跑上去与大屁股并排前进。尼克担任了偷拍狗仔，两个差不多大的屁股终于定格在相机中！

茉妞终于明白：自己是该减肥了，大屁股，真的不小啦！

泰晤士河边的鱼排配薯条

AUTHOR · 尼克

好不容易来到泰晤士河边，我已经饿得变成一条疯狗了。刚才吃的热狗在找路时就消化完了，现在我很想去品尝一下英国的著名小吃——鱼排配薯条。

我们沿着威斯敏斯特桥走到河对岸，我急于找到有鱼排配薯条的饭店。

天助我也！一位中年妇女递给我一张饭店的菜单，上面竟然有鱼排配薯条！

我们很快就找到了那家饭店，点了炸鸡配薯条和鱼排配薯条。

菜很快就上来了。

我拿了几袋番茄酱，表面酥脆、里面松软的薯条，配上酸甜的番茄酱，是最著名也是最完美的搭配。薯条的重油与浓厚和番茄酱的清甜奇妙地融合，造就了薯条今天的名声。

鱼排和炸鸡配番茄酱也很美味，鱼排外脆里嫩，蘸上番茄酱变得酸甜可口。炸鸡鲜嫩芳香，蘸上番茄酱变得更加细滑。

这两种小吃在番茄酱的陪衬下名扬天下，番茄酱功不可没，真的可以称得上是幕后英雄!

如愿以偿的鱼排
配薯条大餐

翻越栅栏比赛

AUTHOR · 茉妞

参观完天文台的人们，三三两两地坐卧在格林尼治山草地上，看着下面的公园，享受着日落时光，闲适和乐。

山下有一个栅栏，各类肤色的人们从山上飞蹿下来，从1米多高的围栏上跨过去，省了好多脚力。

齐克和茉妞观察了一会儿，起初以为是国内禁止的不文明行为，后来发现，栅栏也没有什么特别的作用，简直就像是公园特意设在那里考验游人的翻越攀爬能力的。

他们想去跨栏，又怕给中国人丢脸，犹豫了一会儿，发现男男女女、老老少少、白人黑人都在爬，从语言中也可以听出来，说英语的、说法语的、说德语的、说俄语的都有。谁不想试试自己的能力？看来这是一种测验，或是一种风俗，不试反倒显得不入流和不自信了。中国领事馆的提示短信不是说了吗，入乡随俗！

两人跑下去，茉妞往栏杆上一跨，腿太短，一下子就卡住了，只好悻悻地退下来。正巧一群欧洲少年从边上过去，那些大长腿，啪啪地轻松迈过去了。可怜的茉妞，感觉太受刺激啦！

格林尼治山下，草坪上休闲的人们

齐克以为自己没有问题，没想到也没一步成功，最后是使着蛮力，奋力挣扎着爬上了栏杆，双腿蹲在了上面，又蹦了下去。然后，他转过身，对茉妞温柔地说："来，我拉你过来！"

拉我过来？拉倒吧，细细的栏杆还不得被扯翻了？

好在茉妞观察仔细，在最多人跨越栏杆的地方，下面的土层明显加厚了得有10厘米。宝贵的发现啊，茉妞高兴地走过去，只一下，她从栏杆上跨过去了！

这时，一个印度家庭走过来，重演了茉妞家的一幕。印度妈妈比茉妞还胖，关键是还矮。印度爸爸简直就是颗"球"。齐克和茉妞满含同情、饶有趣味地看了他们半天，“球”终于以蛮力翻了过来。几个孩子倒是没费力气都过来了，只有妈妈还在徒劳地尝试，一遍又一遍，爸爸和孩子们围在旁边直着急。

茉妞看不下去了，走过去，对印度妈妈说：“Here，easier.（这边，更容易一点儿。）”印度妈妈带着一线希望跟茉妞走过去，发现了奥秘，十分感激，说道：“Yes，it’s lower.（对啊，这儿矮。）”表情生动到令人不忍的地步。

印度妈妈从茉妞发现的好地方一举成功，她的全家围过来，“球”爸爸对茉妞也十分感谢，茉妞回他以四海之内胖子皆兄弟的口气：“没什么，我也刚从这儿跳出来！”

大家一齐心照不宣地大笑起来！

噢，忘记了尼克。他还在捉昆虫，对翻越栏杆没有兴趣。他不慌不忙地从山上走到栏杆旁，选择了另外的方式，闲庭信步地又往南面走了不到100米，围栏就在那儿消失了，他慢慢地晃着走了出来！

可是，旁边的世界人民，还在不停地费劲儿翻栏杆！

格林尼治山脚下的蛞蝓

AUTHOR · 齐克

尼克对闹闹嚷嚷的仪式从来不感兴趣，他去看白金汉宫和英国皇家卫队的换岗仪式，完全是为了配合茉妞和齐克。

茉妞和齐克也不是真正喜欢这种仪式，而是为了满足一种虚荣——向别人炫耀说他们到过白金汉宫，亲眼见过英国皇家卫队换岗！

既然如此，整个过程索然无味，除了人挤人，齐克只觉得两个细节有点儿意思：第一，茉妞看着满广场的人，突然说，女王是不是正把窗帘拉开一条缝，俯瞰下面的芸芸众生？齐克开心地想，你说的这个女王是不是被女贼替身了？第二，卫队进入广场的时候，尼克被挡在人群后面，看不见卫队的影子，却能听见行进的乐队传来的军乐声，他挥动小手，暗暗地在人群中指挥根本看不见的英国皇家军乐团！

尼克对威斯敏斯特大教堂也不感兴趣，原本想拜谒一下安葬在这里的牛顿等科学家，可是遇上闭馆，更加扫兴了。

尼克对大本钟不感兴趣，对议会大厦不感兴趣，对泰晤士河上的游览不感兴趣，对格林尼治天文台也不感兴趣……一天游览下来，尼克最后终于发现了他的兴趣点，也表现出他作为一个小生物学家的固执个性和独特嗜好——你们猜会是什么？

尼克是从标志格林尼治时间的大钟表拍照处走向山坡的，他可能觉得走下去太平凡了，于是他决定滚下去，可是滚了三次，由于坡不够陡，没有滚多远，只把他滚到了一片深深的草丛里。

白金汉宫前维持秩序的警察

又来了一队士兵

就是在这里，尼克得到了他踏上大不列颠之后的第一个大发现：他看见了一只足有6厘米长的蛞蝓，就是鼻涕虫！在中国，从未见过这么大的蛞蝓！

尼克大喊大叫着，让齐克从背包里取出他随身携带的试管，把那只可爱的蛞蝓收进囊中！

茉妞和齐克想：费这么大劲把你带到英国来，你这也不感兴趣，那也不感兴趣，对一只鼻涕虫那么痴迷，这代价是不是高了点儿？

半个小时之后，尼克又把鼻涕虫放了。

①②
③④

①友好的警察，值勤兼合影拍照
②威斯敏斯特宫和大本钟
③格林尼治时间
④在泰晤士河上

知识小百科

蛞蝓（kuò yú），俗称鼻涕虫，又称水蜒蚰，是一种软体动物。在中国南方某些地区被称为蜒蚰（不是蚰蜒），与部分蜗牛组成有肺目。雌雄同体，外表看起来像没壳的蜗牛，体表湿润有黏液。

齐克问为什么，尼克说："蛞蝓很常见，我最想要的是欧洲锹甲！"

这些动物的名字把齐克闪得一愣一愣的，谁叫他不懂生物学呢！

格林尼治山脚下

斯汤顿，一顿温暖的早餐

AUTHOR · 茉妞

伦敦郊外游的那天早晨，斯汤顿酒店给茉妞一家全新的感觉。

茉妞在酒店订的一日游是早上7：15，要7点整出门前往集合地，早餐就成了问题。

全家人6点半就收拾停当，准备到餐厅碰碰运气。齐克大踏步地下了楼梯，奔到餐厅，发现餐台上摆了饼干麦片等，对着厨房一顿大声“Hello（你好）”，问有人在吗。茉妞和尼克怯怯地跟在后面，觉得不妥。

这时，一楼值班的小伙子以为发生了什么事，冲下来从楼梯拐角处探着头问：“出什么事了，我可以帮忙吗？”

茉妞磕巴着用英语说了自己的问题，有点儿尴尬，小伙子一本正经地说：“我们7：30才开餐，你早说的话我们可以提前给你准备，但现在不行，你几点出去？”

邪了门了，平时茉妞英语口语听力都不怎么样，还嫌人家英国人讲的英语带方言口音，听不惯，但事到紧要处，她总是听得

吃完早餐，在酒店门口眉开眼笑

特别清楚，马上从小伙子的口气中发现，有戏！

于是茉妞又重复了一遍，今天一日游，在你们酒店订的行程，7：00要出门。

小伙子看看表，又把早说可以准备，现在不开餐的规矩重复了一遍，然后他说，你们先跟我上来，我看看可以为你们安排点儿什么。

齐克还没从餐厅出来呢，茉妞就回头命令他："出来，先上去，他给咱安排。"

关键时候啊，姜还是老的辣，老领队还是有经验啊。

小伙子查看了客人信息，知道茉妞一家在酒店订了早餐，就问茉妞需要吃点儿什么。本来沉默的齐克一听，来劲了，呼呼拽了一堆英文单词出来，尼克也受了鼓舞，说，我要牛奶泡麦片！

茉妞恨恨地用眼神制止了他们，对小伙子说，只要些简单的东西就可以啦！

小伙子把他们领到餐厅，像正式开餐一样，铺好桌布，拉好椅子，安排他们坐好，一样样询问了他们是喝茶还是咖啡还是热巧克力，面包是要全麦的还是白的，等等，然后十分麻利地给他们做了一顿早饭。

太感动了！“这要是在国内，前台会给你做早饭？别想！”尼克边吃着他最爱的牛奶泡麦片，一边得意地晃着小脑袋说。齐克也深受感动，说小伙子要是去北京，我一定要请他吃烤鸭！

这时小伙子正在厨房抹餐台呢，出来后并不特别打招呼就要走，齐克摸出一张名片站起来，叫道“年轻人”，小伙子一下呆在那里，受了惊一般茫然无措。

茉妞“噗”一声乐了，她想起写《万物简史》的那个美国作家彼尔·布莱森写的《小不列颠》里描写的英国人遇到一丁点儿意外时脸上的表情。

齐克用特拽的美式英语告诉小伙儿，欢迎去中国，给我打电话，我请你吃北京烤鸭！

小伙子呆呆的表情慢慢融化，接过名片道谢后走了。

茉妞想，不知这一家莽撞的中国人会给伦敦小伙留下什么印象呢？

英国人，实在是有意思。他们对人和事的看法还是以英国本岛为中心的吧，凡事先要讲自己的规矩，但有例外，他也会想办法给你尽量通融安排。

历史上，英国人有100多年的时间称霸全球，他们曾经非常自以为是，他们有勇气把只有24万平方千米的英伦三岛称作“大不列颠”。如今，大英帝国虽然风光不再，但他们温文尔雅的生活态度中，依然常常表现出他们曾经的规矩甚至教条。

那顿早餐让尼克觉得，冷清的伦敦也有温暖可口的牛奶麦片。

神秘的英国老头

AUTHOR · 齐克

尼克5点起床，又写了一篇“舌尖体”的饮食美文。白天游览，早晚写作，成了一家三口的固定程序，尼克由最初的紧张和担心变成现在的喜欢和习惯了。

不到7点，他们就赶到一日游的集合地。

爱情比巨石阵还长久

温莎古堡，尼克对此没兴趣

金手杖，不是教授，是导游

伦敦郊外一日游，三个项目：温莎城堡、巨石阵和牛津大学。茉妞在酒店订的项目，自由行里的一个跟团游，如同吃惯了自家厨房，偶尔订个外卖。

拼团，旅游大巴几乎转了半个伦敦才把人全接完。导游竟然是一个拄着拐杖的老爷爷，每次集合，他高高地举起手杖，那成了他独特的导游旗。

“Golden cane（金手杖）！”齐克想恭维一下这个英国老爷子，可老爷子不买账，严肃的脸上挤出一点儿英国人的冷幽默，回了齐克一句：“Absolutely（绝对）！”

与温莎古堡里的
姑娘合影

与温莎古堡里的
卫兵合影

尼克没听懂老爷子的话，问齐克：“什么意思？”

齐克说：“绝对！就是他接受了我拍的马屁，承认他拿的是一根金手杖，而且是绝好的一根金手杖！”

老爷子的金手杖并不是摆设，他的左腿有点儿跛，走路需要手杖的帮助，但速度并不慢，与他说话的速度一样，多数游客跟不上，听不懂。

老爷子最大的特点就是不停地讲话。在车上，由于跛脚，站不稳，他并不对着大家讲，坐在副座上，手持话筒，讲游览的纪律，讲沿途的风光，讲温莎城堡的历史，讲英国王室的趣事。他完全不像导游，而是历史学教授，游客在他眼中只是些无知的学生。

齐克40几年的人生中，从没见过这么能说的导游。车出伦敦，他就说，一直把游客送到温莎城堡里面，还在说，似乎很享受大家围着他听他讲话的状态，完全忘记了游客每人拿到一个讲解机，里面讲的内容已经能够满足绝大多数人的需求。

在温莎城堡内，他至少讲了三个景点，要是允许，他大概会一直讲下去。幸好王室大厅里要求安静，根本也不允许大声讲话，更不许外人讲解。

赶到牛津大学的时候，已经下午5点了，游客的力气消耗得差不多了，可老爷子讲解的兴趣不降反增。

他带着大家，从一个建筑讲到另一座建筑，从一个学院讲到另一个学院，滔滔不绝。这里二三百年历史的建筑比比皆是，老爷子恨不能把每一座教学楼、图书馆的故事都告诉大家，把教室里每一年走出的优秀学生的名字都让大家记住，连拍照的时间都没给游客留。

游客只能一边听讲解，一边拍照。而他，看到游客的这种动作有些不高兴，似乎是课堂上的学生开了小差，但这仍不能让他停止讲解！

尽管如此，老爷子仍不能让尼克喜欢牛津。尼克来牛津的目的是想看看这里的篮球场，但老爷子没安排这一项，尼克就认为牛津大学校园里没有篮球场，这让他非常失望！

另外，尼克认为，牛津太古老了，太有历史感了，任何人到这里都有一种被淹没的感觉，房子也太老了，有一栋房子上的紫藤，竟然完全干枯了，像死了好多年了！尼克担心，那座老房子也会被枯藤缠死。

总之一句话，尼克不喜欢牛津，而且他已明确表态，以后决

古老的牛津

枯藤老房

不会来牛津念大学。

齐克鄙夷地看着尼克："牛津说过要录取你吗？"

回伦敦的路上，老爷子仍不停地讲。齐克这时产生了一系列的疑问：他究竟是干什么的？是职业导游还是退休后返聘的大学教授？他喜欢演讲吗？他为什么可以不知疲倦地讲一天？他这一天可以挣多少钱？

回到伦敦，告别的时候，齐克终于走到这位伦敦老头面前，可没想到，只问了一个问题就遭到拒绝："How old are you，sir?（先生，您多大岁数？）"

他一脸严肃地回答："Sorry，I could not tell you！（对不起，我不能告诉你！）"

西方人的礼仪中，女人的年龄要保密，什么时候英国老头的年龄也要保密了？

齐克还想跟他聊聊，一个中年女游客打断他，塞给老爷子10英镑小费，老爷子马上满脸笑容地跟她拥抱、告别。

在欧美世界，小费是最灵验的润滑油，可齐克不想这样做。再说了，英国当年抢了中国那么多东西，现在为了探探他的底细，还要再给他钱？没门！

不问了，合个影，回去再研究这个神秘的英国老头。

这回老爷子没拒绝，齐克搂着他的肩膀，尼克按下了快门！

伦敦郊外的石头之旅

AUTHOR · 齐克

尼克不喜欢城市，不喜欢城堡，却喜欢城堡上空的鸟。

人类原来生活在石头中，石头摆成什么样子，才符合人类的需求呢？究竟是人摆了石头还是石头摆了人呢？在中国人的想象世界里，石头里可以蹦出个孙悟空。英国呢？能蹦出个罗宾汉吗？

英国的巨石阵离伦敦只有几十英里，它似乎在以其自由自在的方式告诉人们，不要觉得人类可以改造一切，我们石头族随便摆个阵势，就能把人类哄得五迷三道的。全世界的人开着大车小车来朝拜，可有谁能解开石头阵这个谜呢？谁又能读懂这本打开的无字天书呢！

石头阵对动物似乎更有吸引力，成群的乌鸦或在石头阵中跟人类捉迷藏，或在周围的草地上觅食，对于来来往往的游人，它们好像并不欢迎。

尼克对乌鸦的兴趣远超过了巨石阵。茉妞追着尼克拍照，尼克追着乌鸦拍照，还想把背包里仅剩的一块三明治拿出来喂乌

前往巨石阵途中的麦田

鸦，被齐克制止了：“也许乌鸦并不喜欢人类的食物，再说管理人员可能不让喂！”

乌鸦喂不成，尼克对巨石阵的兴趣更小了，转而寻找草丛中的昆虫。奇怪的是，昆虫很少，好像远古时代，昆虫还在宇宙的边缘，没有进入人类的视野。

有些石头不同，它们是人类的奴隶，甘愿接受人类的摆布，比如温莎城堡的石头。

不管温莎城堡看起来多么复杂隆重，多么富丽堂皇，它都是石头的产物。在一些看穿宇宙、傲气十足的建筑学家和哲学家眼里，整个城堡也无非就是一堆又一堆的石头，有的大点儿，有的小点儿，有的摆得复杂点儿，有的摆得巧妙点儿。

人类改变了石头的原始状貌，把石头重新布局一下，形成新的结构，而人类自己的行动，也被这些石头规定好了。你只能在石缝中间行动，想跳上石头，就得冒死的危

巨石，它们想说什么

险……这正是人和石头互相摆布的结果！

不管是英国女王伊丽莎白，还是首相丘吉尔或撒切尔夫人，都得遵循石头的规定路线，寻找自己的轨迹。

究竟，石头和人类，谁制约了谁，谁成就了谁？

跟随庞大的人流，尼克控制着对城堡的不满，来到城墙边上，端着相机，拍摄城墙。这可是尼克少有的动作。

齐克感到奇怪，尼克喜欢上城堡的石头了吗？凑上去一看，尼克正在拍摄温莎城墙上的一只苍蝇！

对温莎城堡，兴致最高的无疑是茉妞，可她不看石头，眼睛总盯着女王的衣服、珠宝和绘画。

对于齐克，巨石阵和温莎城堡这两堆石头，让他觉得英国人对于人文和自然有着鲜明的态度，让人敬重。

而对于尼克，这里最吸引他的无非是几只乌鸦和一只苍蝇。

迷失的狄更斯故居

AUTHOR · 齐克

到达英国第二天，茉妞一家都觉得特别需要一顿中餐来调理一下肠胃，就连一直在用“舌尖体”歌颂西餐的尼克，也已经受不了了。于是，大家在大英博物馆旁边很快找到了“老常家”中餐馆。

拍黄瓜、拌木耳、酱牛肉，这些在北京非常不起眼的家常菜，在伦敦成了翘楚，吃得很舒服、很合口、很“熇贴”。每人要了一种面，再普通不过的面，却成了十足的美味！

撑了个肚圆，一定得散散步，消化消化。齐克提出狄更斯故居就在附近，一边散步，一边找找吧。茉妞赞成，尼克完全不知道狄更斯是谁。

齐克说，狄更斯是19世纪英国最伟大的作家，对中国人影响格外大，不少四五十岁的中国人都看过他写的《大卫·科波菲尔》《远大前程》《雾都孤儿》等。

天黑了，路灯辉煌，一家三口虔诚地寻找狄更斯在160多年前住过的房子。问了不下10个人，只有大英博物馆的保安知道大体的位置，一个漂亮的姑娘摇着长发说："没听说过这人，不过我知道一家叫狄更斯的CD商店。"

齐克一头雾水，狄更斯和CD商店有什么关系？

没有找到狄更斯故居，全家决定放弃，以后再找。回到宾馆，茉妞的脚竟然起泡了！

伦敦的中国面

送给"达哥"的帽子

AUTHOR・齐克

在伦敦，尼克最想去的地方是自然历史博物馆。在去那里以前，得先去大英博物馆。世界上有多个博物馆之城，伦敦就算一个。

大英博物馆曾经是世界上最大、最权威的博物馆之一，直到现在，很多国家和民族都以它收藏了本国的东西感到自豪。念过几年书的人都知道大英博物馆，到英国要是不去看看它，就会被认为没文化。

茉妞订宾馆时，充分考虑了这一点，就在大英博物馆的旁边订了一家宾馆，步行不到5分钟。

到伦敦后我们才发现，问路时当地人一般都会说，步行不用5分钟。伦敦有多大，可想而知！

上午10点才开门，尼克一家8点就吃完了早饭，多出来的这段时间，正好去伦敦大学转转。世界上的大学之城，伦敦无疑是其中之一。伦敦大学在世界范围内能排第几不好说，就冲这个名头，不会太差。

伦敦大学紧挨着大英博物馆，校门很简陋，与国内的三流大学都不能相比。教学楼很拥挤，一栋挨一栋，肃穆森严。

校内有好几个小公园，三三两两的人在其中闲逛或读书。有好多书本样式的椅子，往里一坐，好像就陷进书里去了。有点儿意思。

雕像很多，多数不认识，孤陋寡闻呀。远远地看见一个大胡子头像，觉得像马克思。齐克隐约记得，马克思当年经常在大英博物馆一带活动，应该是他。走过去一看，是印度诗人泰戈尔！

没有学习任务在学校里闲逛，是最轻松的。齐克和茉妞在北大读书的时候，从没有过这样轻松的心情，虽然他们觉得伦大的校园比北大差得远，可还是觉得伦大更舒服、更轻松。

在伦大装蒜

怎么才能抓到泰格尔的胡子

不知道这样的轻松状态会激发人的创造力，还是把人的智商降为零，反正茉妞突然对尼克说了一句石破天惊的话：“我们一边走，一边慢慢地往前走吧！”

时时刻刻寻找笑料调侃生活的齐克和尼克父子怎么会放过这样的机会，他们笑到伦大的树叶都要掉落了还合不上嘴，引得伦大的师生以为他们是从东土大唐下凡来的三个疯子！

他们就这样“一边走，一边慢慢地往前走”进了大英博物馆。刚刚10点，已经是人满为患。

藏品多到目不暇接，全世界的文化精髓集中在这里，谁能有多好的脑袋记住那么多东西！猎奇一下，满足一下虚荣心，够了！

尼克只对一些珍贵的动物标本感兴趣，茉妞恨不能把每个展馆都看一遍。11点半，尼克对牛排的向往早已不可遏制——昨天尼克就观察到一家吃牛排和龙虾的餐馆，茉妞也已经做出承诺，大英博物馆哪儿还能留得住他的脚！

大英博物馆的大厅

嘴里含着牛排的香味，茉妞和齐克紧跟在尼克身后走进自然历史博物馆。初来乍到，尼克却像是熟门熟路，各个馆里的生物他都很熟悉。

大厅里硕大的恐龙骨架他兴趣不大，见得太多了，可是当看到对着恐龙尾巴的达尔文雕塑他肃然起敬。

“达哥，我终于见到你了！”很少主动要求与雕塑合影的尼克一反常态，恭恭敬敬地站在达尔文身边，让齐克拍摄。齐克嫌尼克头上的帽子挡光，让他摘了，交给茉妞保管。

尼克很认真地配合齐克拍摄，拍完后挑剔地看回放，满意后才作罢，走到别处还不时回头看安坐在恐龙身后观察芸芸众生的“达哥”。真是个虔诚的达尔文迷！

昆虫馆是尼克最喜欢的地方，他几乎与每一个昆虫对话，只要有允许动手操作的地方，他绝不会放过。

鸟类馆也是尼克心爱之处，他对鸟类的了解不亚于昆虫。他告诉一直跟在身后的茉妞和齐克，好多鸟类标本都来自中国。为了拍一张没有游客遮挡的蜂鸟标本图，他可以耐心地等上5分钟！

不知不觉，2个小时过去了，茉妞突然发现尼克的帽子不见了。她马上跑到达尔文跟前去找，没有，问了工作人员，也没见。

茉妞说

孩子特别要求跟某人合影或在某个地方拍照的时候，父母最好问问他为什么？这是破解儿童心理秘密的一个好时机。

与“达哥”的合影，少有的恭敬

英国自然历史博物馆里的“解说员”

“儿子，肯定是达哥想把你的帽子留下作纪念，就当你送给他的礼物吧！”

茉妞要是幽默起来，是可以要人命的，尤其是在原谅自己的时候，她真大方！

他们就这样又“一边走，一边慢慢地往前走”进了隔壁的科学博物馆。在这里，尼克开了一次360度旋转的飞机。下机后，他一直感觉天旋地转，一直转到第二天早晨，起床后觉得还在转！

结果他从床上摔到地板上，可手里还握着手机写他的“舌尖体”，据说国内的一些读者等着看呢！

①蒸汽机车
②趴在地上进行“舌尖体”创作的尼克
③想象着螺桨吹出的大风

牛排和龙虾

AUTHOR · 尼克

离开大英博物馆，我有些失望，我没有看到希望中的大量的昆虫标本，只看到了一堆堆我不感兴趣的历史遗物。

我很快就饿成了一只疯狗，想赶快离开这个鬼地方，找个地方吃饭。

齐克和茉妞昨天就答应我今天吃牛排和龙虾，于是我们来到那家饭店，点了两份牛排、一份龙虾，还有三杯果汁。

果汁上来了，我要的是菠萝汁，里面加了冰，我拿起一块冰放到嘴里嚼了起来，冰嘎嘣作响，还带着一股菠萝汁的酸甜。

接着，牛排和龙虾来了。牛排上放了一大块黄油，香气扑鼻。撒上黑胡椒粉，给牛排添加了一种辛辣的味道。黄油在高温下融化，被牛排吸收掉，软化了牛排的内部，让牛排变得外焦里嫩，有种让人感到欢乐的嚼头。

清蒸的龙虾被劈成两半，虾肉暴露出来了，用小钳子夹出来，带着海鲜特有的鲜香，又有牛肉一样的嚼头，给我带来了充足的能量，向自然历史博物馆进发！

美味，牛排和龙虾

博物馆流水账

AUTHOR · 茉妞

伦敦第三日，齐克领队安排的是博物馆行程。上午大英，下午自然历史，茉妞强烈要求再加上科学博物馆。

齐克端着领队的架子，晃着大脑袋，不置可否，说，到时再议。

虽然来时有朋友对茉妞说，你的行程太紧张了，光一个大英博物馆就得一天。可茉妞是这么盘算的，对于感兴趣懂行的人来说，大英博物馆可能一年都不够研究的，可对于我家，大英博物馆可能一上午就够了。为什么？兴趣平平，再说，孩子哪有什么长劲，在他心里，这种地方，留下个印就好啦！

但是，尼克还是让茉妞吃了一惊。那天早上，一家人先在伦敦大学校区里逛了逛，直接从大英博物馆的西门进入，不知啥原因，大批的游客都不从这个门进入，而安保人员对茉妞一家连个安检都没有做就直接放行了，到现在茉妞都还在怀疑他们走的是不是工作人员出入口，反正是进去了。

拿了个讲解器，可是要花钱的，一个要4.5英镑。

大英博物馆西门

英国自然历史博物馆

英国自然历史博物馆

一转身的工夫，尼克和他老爸就不见踪影了，茉妞索性自己到喜欢的展厅去参观。后来三人在埃及厅相遇，本以为尼克早就该不耐烦了，没想到他还在淡定地观览，听解说，时不时还跟茉妞讲，自己在什么书上见过这件那件展品，直到快12点，才叫饿了，走吧。三人去吃牛排和龙虾，尼克对此十分满意，边吃边摇头晃脑地说：“下一篇游记的题材！”齐克实在是对尼克一篇接一篇的“舌尖体”忍无可忍了，惨嚎了一声：“儿子呀，最后一篇‘舌尖体’了，行吗？！”尼克咂吧咂吧嘴不置可否，只管埋头继续享受美味。

下午去了自然历史博物馆，生物迷尼克自然是疯癫了的节奏，在里面惊呼、赞叹、拍照，给爹妈讲解，与茉妞探讨。这一程真是

传递爱和美

科学博物馆门口快乐的父子俩

把齐克和茉妞累坏了，齐克更是直接躺在了展厅外的草地上。可架不住尼克还要去看蝴蝶，三人又买了票进入那个狭小的蝴蝶棚里。

伦敦大学

蝴蝶不怕尼克，有好几只落在他手上、脚上，工作人员以为尼克抓它，忙说：“Don’t touch it.（不要碰它。）”尼克口语不错，自己解释说：“It fly on my hand，I don’t touch it.（它自己飞到我手上的，我没有去碰它。）”工作人员说了对不起便走开，旁边的英国小孩子羡慕地围着尼克，看他手上的蝴蝶，尼克得意极了。

自然历史博物馆掏空了三人的力气，但科学博物馆近在咫尺，茉妞做了功课，知道那儿不错，坚持把两人拖了进去。

果然，一进门的能量厅把爷儿俩一下给镇住了，三人满血复活，疯玩了2个半小时，最后快关门了，两个男人还跑去玩了最后一轮360度大旋转。齐克疯狂地摇晃旋转操控摇臂，完全被甩晕的尼克以平缓的节奏操控机枪射击，一架飞机也没打下来，最后两人脸红脖子粗地下来，去中餐厅吃了炸酱面，心满意足地回酒店啦。

茉莉一样的美丽错误

AUTHOR · 齐克

尼克和齐克最佩服茉妞的地方，是她的英语发音不准，却能听懂美欧人士的标准英语，还能与人家顺利地交流！

他们第一次发现她的这个才能，是有一年夏天去美国，在一家餐馆点餐的时候，她向服务员叫道："摸牛！摸牛！"

齐克听成了蜗牛，心说她真奇怪，怎么跑到美国来点这种东西吃？

尼克愣愣地看着她，完全没明白。

服务员愣了一下，马上拿过菜单送到她手中。

齐克和尼克几乎同时惊讶地问她："你刚才说的什么？"

她不耐烦地说："你们俩怎么这么笨，我说的就是菜单呀，M、E、N、U，摸牛嘛！"

尼克惊讶得眼珠子快跳出来了："老妈，那个词念'买牛'！"

齐克笑得要钻到桌子底下去，可他心里替"胆大包天"的妻子辩解："要买牛就得先摸牛呀！"

她本人的辩解更实用："念对念错怕什么，外国人能明白就行！"

白摸牛，行走江湖全凭自信，够霸气

从此她得了个“摸牛”的绰号，当然仅限于三口之家中使用。这次来欧洲，为了符合她女性的身份，尼克和齐克商量了一下，决定改成茉妞，一个茉莉花一样的中国妞，她欣然接受！

可是茉妞对英语发音的“护短”，终于在寻找伦敦火车站的时候再次露怯，也再一次让她吃到了苦头。

茉妞在国内预订从伦敦去巴黎的火车票时，票面上就打印出了伦敦出发的火车站，她几次在齐克面前说：“这个潘卡斯火车站离伦敦还有一百多英里，到时候咱们可得早出发！”

齐克不表态。在茉妞看来，这是齐克最可恶的习惯，什么事都不管，别人干了他还老挑刺。齐克也知道这是他的毛病，可他还是对茉妞绝对放心，别说离伦敦一百英里，就是一万英里，只要是必须走的，他和尼克都不会打一点儿折扣！

第二天就要去法国了，茉妞仍然为这个叫潘卡斯的火车站纠结不已，地图，网络，查了一遍又一遍，嘴里不断嘟囔：“这个潘卡斯火车站在哪儿呢？”

齐克终于接过火车票订单，念道：“St Pancras，是潘卡斯吗？如果按音译的话，应该是潘克莱斯才对呀！”

茉妞大不以为然：“什么潘克莱斯，明明是Pancars吗！我念了无数遍，都背下来了。你别又自作聪明，事后诸葛亮！”

齐克又极其认真地看了一遍，找来伦敦地图，没错，就是Pancras，离茉妞订的斯汤顿宾馆只有10多分钟的车程。他憋了憋勇气，发了一次飙：“肯定是这里，圣·潘克莱斯火车站！”

茉妞觉得她大概不会犯这样的错误，凭她当年北大研究生免修的英语水平，怎么会被一个自学英语的土包子拿住！

在圣·潘克莱斯火车站等待

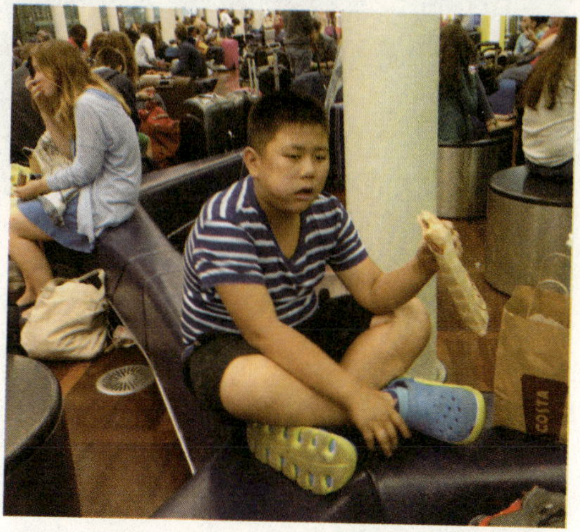

圣·潘克莱斯大酒店

她去宾馆前台问一个伦敦女服务员，女服务员说：“Yes，St Pancras， very near from here！（对，圣·潘克莱斯，离这儿很近！）”

面对目瞪口呆的尼克和齐克，莱妞莞尔一笑：“错了，怎的？”

齐克和尼克无意责备她，只是觉得她从国内就为这个子虚乌有的潘卡斯紧张，把自己折磨得太累了！

然而，这是所有高度自信的人必须付出的代价，否则没有人能说服她！

齐克已有经验，最怕的是莱妞说一切尽在掌握。多次事实证明，此话一出，一定出岔子！

步行去火车站，还路过了大英图书馆

而对于英语发音，茉妞因为中学时所受错误教育，永远要被尼克和齐克善意地嘲弄了。

尼克因为去了几趟美国，学了一点儿美式发音，已经在学校做英语领读员了，发音自然不成问题。

至于齐克，自学英语却当过英语教师，英语发音还是可信的。

第二天，他们本打算叫出租车去车站，结果步行一走，对着地图一看，发现圣·潘克莱斯车站就在出宾馆左拐不远的地方，根本不用打车。他们就步行轻松地走进圣·潘克莱斯车站，准时踏上去法国的高铁列车！

遗憾的伦敦

AUTHOR · 齐克

尼克一直想在伦敦打一场篮球，想领教一下真正的“欧洲步”。

在科学博物馆玩得晕头转向，实在打不了，第二天早饭后还在晕，但坚持要去，又趴在床上起不来，齐克说：“我先去侦察一下，如果能找到篮球场，我回来叫你。”

沿着Gower Street，齐克重新游览了一遍伦大，看到了伦大的多个学院，还发现了一处达尔文的旧居，几乎找遍了伦大的每个角落，就是没看见篮球场。怪了，难道伦大的学生都不打篮球？

齐克回去对尼克撒了一个弥天大谎：英国人不爱打篮球，不爱运动，整个伦敦没有一个篮球场！

尼克接受了，决定把“欧洲步”的愿望留到欧洲大陆。

此乃伦敦之第一个遗憾。

第二个遗憾是齐克的。那天晚上没找到狄更斯故居，本打算告别伦敦前再找一次，没时间了。

第三个遗憾是茉妞的，她在订英国之行的时候看到网友的评论说，肯辛顿宫在必去之列，但自然历史博物馆和科学博物馆占

欧洲之星

了太多时间，去不成了。

茉妞还有一个遗憾，是尼克和齐克猜的，茉妞一直念叨牛津街是伦敦著名的购物中心，她虽然嘴上说不想去，可心里还是想去的，最终没去，这肯定是她心中的遗憾！

一个小小的收获是，起程之初定的写作计划真正开始实施了，每天白天游览，晚上回宾馆便睡，第二天起床就写作，尼克完成了6篇“舌尖体”，茉妞完成了6篇“妇联体”，齐克完成了10篇“无体体”。

欧洲之星内部

尼克写得很辛苦，但也尝到一点儿乐趣，决定离开伦敦后，暂时告别一下“舌尖体”，到法国后就开始写“法布尔体”。这是茉妞和齐克最期待的。

一家三口准时踏上了欧洲之星火车，从伦敦直通巴黎。

齐克暗暗佩服茉妞的本事，欧洲之星的火车票和座位都是她在国内订好的，两人一排，齐克所坐的那一排，竟然只有他一个人。在昂贵的欧洲之星上，他一个人独霸两个座位，这也是腐败的一种，应该打击的。

开车后齐克发现了茉妞更伟大的地方，他们的座位离厕所只隔一排乘客，十分利于“后门”的行动，又闻不到臭味！回国后茉妞琢磨，很可能正是因为这一点，她订的欧洲之星火车票才是半价的！

齐克和尼克及时送上对茉妞的敬佩之情，茉妞照单全收，毫不客气！但回国后她又发现，她预订以后几天要坐的欧铁座位是巨大浪费，因为买的是一等座通票，多数车次根本不用提前订座位，一等车车厢经常是空荡荡的没人坐！

尼克很酣畅地一口吞下5块口香糖，一家三口就这样“一边走，一边慢慢地往前走”过英吉利海峡，踏上另一片国土——法兰西！

大管家茉妞在伦敦的愉快领悟

01

给每位家人分配旅行中的任务，不要一人专政，好处大大的哦！

02

穷家富路，满足爱好和口腹之欲。不远万里地来了，适当享受，不要把行程安排得细致到每段交通、每顿饭，入乡随俗，根据体力心情决定在一个城市的交通、行程和饮食，不要过分在意金钱。

03

再好吃的西餐，最多两天，咱们的中国胃也受不了了，及时找个中国餐厅补充一顿。茉妞好后悔没有带袋装涪陵榨菜！

04

伦敦不大，如果体力允许，很多地方可以走着去，很有意思。如果待的时间不是很长，没有必要办公交卡，在城市出行的日子里，可以办理公交一日卡，儿童票还有特殊折扣，公交地铁均可乘坐，而且凭日卡乘泰晤士河游船可以打折。

05

伦敦周边的一日游，可以在酒店前台提供的游览信息广告里找合适的，请酒店前台帮忙预订。

06

伦敦人看上去不是很热情，但其实多数乐于助人。如果有特殊的需求（比如，提前用早餐），可以试着跟酒店沟通，他们会帮助你。建议行前读一读彼尔·布莱森写的《小不列颠》，对跟英国人交流大有裨益。

7月30日：埃菲尔铁塔周边休闲
在傍晚时分去参观埃菲尔铁塔，到战神广场上打篮球。

7月31日：巴黎市区游
国立自然历史博物馆、动物园、植物园、巴黎圣母院、卢浮宫、杜乐丽花园、凯旋门。

8月1日：巴黎-阿维尼翁（普罗旺斯）
下午在阿维尼翁老城漫步，参观教皇堡、古城墙、断桥。

8月2日：奇特的薰衣草庄园之旅一日游
第一站是普罗旺斯当地市场，接着便去流连大片大片、开满鲜花的薰衣草。在Sault镇花农家停留，参观精油制作，购买刚出炉的薰衣草精油。在红土城、葛德村自由活动，参观位于连考斯特拉的薰衣草博物馆，学习纯种、穗、杂交薰衣草等知识。

8月3日：阿维尼翁-米兰

正面朝上，插入票口

Chapter 3

European Travel

圆梦法兰西

胡闹的法兰西

AUTHOR · 齐克

进入法国的第一件事是在火车站上厕所，收费的，一人一次0.7欧元，换算成人民币要6元多。

尼克站在马桶边与齐可并排“嘘嘘”的时候小声说：“太贵了，穷人没钱就得憋死了！”

齐克无言以对！

叫出租车，齐克要坐副座，上面竟然放着一台笔记本电脑，司机摇头，指了指后坐，一家三个轻度胖子，挤成一个“肉阵”！

齐克马上感到法国人的不友好，至少是服务不周到。我们花钱租你的车，还得给你腾出个专座放电脑?

坐上出租车，一家三口都不会法语，干脆来个哑谜阵，茉妞把宾馆订单伸向司机，司机点头，沟通成功。茉妞得意地对尼克说：“你爸不敢秀他的英语了！”

齐克默然。

车出火车站，爆堵！尼克诅咒：“该死的巴黎，跟北京一样堵！”

茉妞看车外的路，看不见南北贯通、东西流畅的大马路，她极认真地数了数，一个圆形环岛，辐射出去10条路，她晕：“巴黎的路怎么这个样子，太奇怪了！”

齐克还是用英语向司机发问了：“先生，我们想打篮球，在我们住的宾馆周围有没有篮球场？”

齐克是替尼克问的，尼克已经张着嘴期待答案，可是年轻的司机做出努力想的样子，摇了摇头。

尼克低声哀叫：“再打不上篮球我要变疯狗了！”

巴黎NORD火车站

尼克和齐克保留着在美国犹他州寻找篮球场的美好记忆。之前到犹他州，住进宾馆，茉妞去商城购物，齐克决定碰碰运气，带着尼克到前台，问一个黄头发的中年女子哪里有篮球场。黄发女人说有一家健身中心，里面有篮球场，五六英里的路程。齐克问打车多少钱？黄发女人说，你可以乘Hotel Shuttle。齐克不知道那是个什么东西，反正是一种交通工具，就问："多少钱？"对方说："It's free.（免费。）"齐克不敢相信，又问："Are you sure?（确定吗？）"对方笑了笑，肯定地说："Yeah，yeah，it's free.（是的，是的，免费。）"

Hotel shuttle不仅免费把他们送到篮球场，一个多小时后，又免费把他们接了回来！

后来齐克又问那个黄发女子才弄明白，Hotel shuttle是美国的一些宾馆给客人准备的方便车，客人去宾馆周围不远的地方，可以免费接送。

世界上竟然有这种好事，被齐克和尼克遇上了，尼克牢牢记住了黄发女子的那句话："Yeah，yeah，it's free."常常挂在嘴边，这是通往共产主义的密码吗？

在巴黎能遇上这种好事吗？

一进宾馆，齐克就问前台值班的女子——也是一个中年女子，也是黄头发，好运不远了！——中年女子摇头，露出很奇怪的表情，对旁边一个在宾馆工作的中国男子嘀咕了几句法语。中国男子替她解释道："附近没有，也许中学里有，但都不让进。"

"附近有大学吗？"齐克不舍，凭他的经验，大学里一定有

入住的酒店离铁塔很近，离纽约大道也很近

篮球场。

男子冷冷地说：“附近没有，大学都在四区，这里是十六区！”

住进房间，齐克和尼克决定打出租车去找一个大学打篮球，早就忍不住的茉妞发话了：“篮球哪儿不能打？大老远跑到巴黎来打篮球，你们要陪我去看埃菲尔铁塔，游塞纳河！”

作为交换条件，尼克和齐克决定先陪茉妞出游，然后茉妞陪他们找篮球场，当观众！

宾馆离埃菲尔铁塔不远，能订到这个位置的宾馆，又是茉妞的功劳——她已经表扬过自己了，齐克和尼克后悔表扬晚了，让她产生了失落感，所以才不支持他们的篮球行动！

看过埃菲尔铁塔，茉妞满足了，热情地帮助他们在离铁塔一公里外的地方找到一个户外运动场。里面只有一个球场，两个篮球架，每个架子下面都有十几个人在候场！这与北京没法比，北京的户外篮球场论片！至于中国男篮为什么老输给法国男篮，那是另外的问题，与篮球场的多少关系不大！

在战神广场篮球场上一展身手，一身红色战袍的是齐克

尼克毕竟是个小毛头，上场的机会很少，在场边急得抓耳挠腮。齐克狠打了两三个小时，为了减肥，晚饭都没吃。

茉妞孤零零地坐在球场远处的椅子上，冷得缩成一个篮球。这要怪巴黎的昼夜温差太大，刚才还晒得睁不开眼，这会儿已经冷得像秋天。

不知不觉间，天黑了，埃菲尔铁塔已经亮灯，塔下的战神广场坐满了人，大都在喝酒，中间串场卖酒的人比喝酒的人一点儿也不少！

在茉妞的引领下，齐克和尼克“一边走，一边慢慢地往前走”着，蔫蔫的。因为球打得不过瘾，尼克心里窝着气，他批判法国为什么建那么少的篮球场，这些不知来自哪国的人竟然有心情在这里喝酒，简直是胡闹！

齐克支持他的观点，不健身，不建篮球场，就是胡闹！

已经把埃菲尔铁塔甩在身后，离宾馆不远了，尼克想的仍是：不健身就是胡闹，不建篮球场也是胡闹！

光怪陆离的巴黎

AUTHOR·茉妞

从巴黎火车站出来，先每人花0.7欧元使用了厕所，然后就在各种肤色的人龙里排队等出租。街上那个喧哗啊，与伦敦的安静街区大为不同。上了出租，司机倒是比伦敦的帅而且年轻，可惜英文又不灵光，没的可交流。

车子在狭窄起伏的街道上行驶，路面是由许多的10厘米见方的小石头块砌成，不知为何倒是历久不散。车子在一处小小的街心停住等红灯，茉妞好奇地一数，惊呼："有10条街，10条！"也就是说，从圆心放射出去，有9排建筑。

齐克故作聪明地晃着大脑袋，淡定地说："这有什么奇怪，以圆心为中心，可以放射出无数条射线！"

尼克反感老妈对一切不合自己经验常识的事物都持否定态度，于是不屑地对茉妞说："您老要是不喜欢，拆了巴黎，重建！"哈哈，霸气！茉妞喜欢。

晚上天黑得晚，齐克带领大家去了埃菲尔铁塔。塔下等着乘电梯登塔的人龙从三个角门绵延起伏开去，各有1000米，一下子

塞纳河

把齐克一家吓退了，决定放弃登塔。走到塔底近距离观察了铁塔，尼克由衷地感叹："这些法国人，真爱浪费铁！"

在塔的东北脚下，一个小小的角落里，安放着设计者埃菲尔先生的头像，没有几个游客发现这里。

夕阳慢慢沉在铁塔后面，茉妞一看表，21：30了，可天还没有全暗下来，广场上的人们也没有离开的意思。到了铁塔东面，更是人山人海。大大的草地上全是休闲的巴黎人，一团团围坐在草地上，喝酒、吃晚饭、聚会。茉妞在等打球的爷儿俩时，饶有兴致地观察巴黎人，尤其是看他们啧啧有声地行贴面礼，真是太好玩了。

EIFFEL

建筑上的震撼也给巴黎人带来了实惠，法国政府在那些宽广、优美、布满艺术品雕像的地方，放置了许多的椅子、石桌什么的，下了班的法国人匆匆赶到这里，很多人只是捧着杯咖啡坐着看看风景发发呆。

宏伟的古建筑前就是风格完全不搭调的游乐场，比如，埃菲尔铁塔下就是两个旋转木马，卢浮宫不远处就是大摆臂和皮筋弹球，都是用失重状态令人惊叫的游戏。

好奇怪啊！你能想象在天安门广场角上来个过山车，再在下面摆满桌椅让大家坐着喝茶聊天儿吗？连长安街上的大圆蛋歌剧院都受不了的。

当然，卢浮宫的雄伟华丽就不必多言了，只是卢浮宫的厕所，1.5欧元一个人，那叫一个香，真的！两个黑哥们儿一人把一个男厕、一个女厕，每个客人出来，他们都进去擦、喷消毒水，再拉开门把手把下一位客人请进去，搞的程序那个复杂呀，跟法式大餐似的，那么隆重。里面的陈设也只能用两个字形容：艺术！白人、黑人、黄人，人人都被他们弄得很不适应！

杜乐丽花园里的厕所是0.7欧元的，就简单多了，但绝对干净没味，承包经营的黑哥们儿对此有绝对的信心，因为在嘭嘭的重金属音乐伴奏下，厕所进门处还兼营出售食物和饮用水呢！

	①	
②	③	④

①卢浮宫附近的游乐场
②设计师埃菲尔先生躲在一个不起眼的角落里
③塔东侧的战神广场是铁塔最佳拍摄地
④从下方看铁塔

那一口中国汤

AUTHOR · 齐克

Passy Eiffel宾馆的早餐是法式面包、蛋糕和三明治，这是尼克、齐克和茉妞都不能再接受的。

齐克发现隔壁的外卖食品店里有些中国凉拌菜和夹心饼，觉得可能合茉妞和尼克的口味，就带他们进去。茉妞看了看，立刻皱着眉头否决了："这都什么呀，我想喝点热汤，或者吃碗面条！"

"我也是！"尼克附和。

"我又何尝不是呢！"娘儿俩的不满等于宣布了齐克的失职，在寻找中国汤以前，他还是买了三个三明治填充空空的胃。齐克的上一顿饭还是刚到法国时在火车站排队等出租车时吃的，无非是茉妞和尼克在伦敦火车站买的、火车上没吃完的汉堡和夹心面包。

齐克自己放弃了前一天的晚餐。在埃菲尔铁塔下拍照片时，他发现自己的肚子比离开北京时大了。他很苦恼，决定控制饮食，打完篮球虽然很饿，也控制着没吃。一夜饥肠翻动，净做吃饭的梦，可老吃不到嘴里。早晨醒来，饥饿感更强烈。这不，一边走一边吞咽着可恶的洋快餐。尼克也饿了，经不住诱惑，要过一个三明治啃起来。茉妞只尝了一口，难以下咽，再次坚定了寻找中国餐馆的决心！

在塞纳河北岸走了三四站地，发现了几个疑似中国餐馆，靠近一看，要么没开门，要么没有中国餐。10点多了，还不开门迎客，中国人到法国都得适应他们的夜生活！

跑到塞纳河南岸，埃菲尔铁塔的东南角，去找前一天晚上尼克和茉妞吃过的那家中餐馆，也是铁将军把门！

没法子了，只好按原计划，先去法国国立自然历史博物馆。

打车过去，已过11点，茉妞饿得撑不住了，发现博物馆对面有家麦当劳，建议进去吃一点儿。稀里糊涂点了三个汉堡和两杯可乐，吃了个不上不下，不知什么时候出去的齐克突然跑回来，眉飞色舞地说："想吃中国餐吗？跟我来！"

在麦当劳背面的一条街上，一家写有"欢迎外卖"的小门面，成了他们的希望之所。那是齐克在尼克和茉妞吃麦当劳的时候发现的，为了确保有中国餐，他已经进去看过餐柜，里面的炒西蓝花早就等着他们的舌尖和牙齿了！果然，茉妞和尼克发出了尖叫声，叫住胖胖的服务员，一个中国女孩，点了面条、馄饨、西蓝花和凉拌绿豆芽！

当冒着热气的馄饨和面条上来后，每个人舀了一勺汤，吹一吹，送进嘴里。微烫的中国汤贴着舌头的两侧，顺着两腮，滋润着味蕾，抚慰着牙龈，缓缓驶过口腔、喉管，进入胃中，抵达灵魂深处！顿时一阵暖意掠过全身，每一根汗毛都服帖地依偎着肌肤，情绪安定下来，灵魂与肉体完美地融合在一起！

呵，那一口中国汤呵！——爱国主义就是在这时涌现的。

列阵的标本

AUTHOR · 茉妞

齐克一家在巴黎的停留时间只有一个整天，两个小半天。齐克导游决定，第二天带领大家先去国立自然历史博物馆，然后再去常规景点走一走。

一家三口打车到博物馆，其实可以算是一个挺大的公园了。进展厅先要购票，茉妞直嘟囔："不如英国啊，进厕所收钱，看个博物馆收钱！怪不得英国都不加入欧元区！"

购票处有个雕塑，主题是一头大猩猩把人打倒在地掐住脖子，茉妞指给尼克看，尼克摇头道："天啊，这可是自然历史博物馆啊！"不明白这尊雕塑的含义。

不合逻辑，到处都不合逻辑！就像他们一个圆心放射10条街道，就像在卢浮宫不远处建游乐场。茉妞直摇头，他们的自然历史博物馆，还要收费！

可是一进馆，三个人同时发出"哇"的一声，太震撼了！

迎面的展厅中央，白骨森森，按高矮大小排兵列阵，由最前面的一具人体标本带领。人体标本的动作与"攻占巴士底狱"里的女英雄造型一样，高抬着左臂，仿佛在说：“跟我来！”那感觉，给他手里插上一杆法国国旗，后头的动物标本就是百万雄兵！

一层展厅除了进口处，其余的三面墙都放了展柜。两面长的墙上，一边全是内脏标本，按器官分类，每个展柜都放得满满当当的，到了肺那儿，简直是在炫艺术，把肺泡都给解剖展示出来，有来自各种不同动物的肺，大的半米长，小的比指甲盖还小，太夺人眼球了。另一面墙展出的则是骨骼，从头到脚分类，再按不同物种分类。有个姑娘正抱着临摹本贴着玻璃做速写。

第二层和第三层都是同样的布局。各类化石、标本满满地铺陈。因为不懂法语，茉妞和齐克只能跟着尼克参观，尼克凭自己的知识给两人讲解，这是什么，那是什么。茉妞决定像数街道那样数一数，结果比街道还令她吃惊，一个三叶虫化石，法国人硬是摆满了17个展柜！

在法国国立自然历史博物馆，只有敬佩，没有嘲弄！

领跑动物标本

①请跟我来
②恐龙头骨
③与博物馆主题不搭调的奇怪雕像
④科学与艺术
⑤各种三叶虫化石

巴黎动物园之旅

AUTHOR・尼克

我们从法国国立自然历史博物馆出来，原本是想去参观植物园，却在植物园中找到了一个动物园。茉妞不打算跟我和齐克进去，于是我和齐克买了票，进入了动物园。

首先映入我眼帘的是各种各样的猫头鹰，大部分都是常见品种，也有珍稀的长耳鸮，这种猫头鹰在中国也有，但已经被列为国家级保护动物了。

之后，我们来到一个馆门口，展板上写的都是法文，我看不懂，不过从里面展览的动物来看，应该是爬行动物馆。可是里面还有超大个的竹节虫，还有黄黑相间的花金龟。

我还遇到了一个法国小弟弟，他看我很懂这个，一直跟着我，我还抱着他拍了照片。

从动物园出来，我们来到植物园。在一个池塘边，我看到一个法国家庭正在吃力地捕捉着什么，过去一看，原来在捉青蛙。

我加入了他们的行列。

一个小男孩，一直拉着我，一看到青蛙就指给我。

每当我抓住一只青蛙，那位法国妇女都会对我说一大串法语，我完全听不懂，她就连说带比画，样子好玩极了！

下一站要去无聊的巴黎圣母院，真让我头疼啊！

①法国国立自然历史博物馆
②总是跟着我的小弟弟
③在植物园里真是太爽了

巴黎之吻

AUTHOR · 齐克

巴黎的浪漫，表现在满大街的裸体雕塑，也表现在随时随地的男女之吻。

卢浮宫门口，夕阳西下，一对韩国恋人，摆好自拍相机，在镜头前面对面高高跳起，空中热吻一次，落地后立刻去看回放，没拍到，再来！又没拍到，调整镜头，调整动作，再来！难度太大，反复多次，终于成功！

紧挨卢浮宫的杜乐丽花园里，黑色大理石雕出无数女人的裸体，行走坐卧，各种姿态都有，没人看着害臊！

一对黄发男女，接近中年，在雕塑阵中相遇，客客气气地打过招呼，各自放下手中的包，互相伸出胳膊，努力伸长嘴巴，使劲亲吻对方，持续20多秒钟。明显不是夫妻，可是他们接吻，连续地接吻。

爱丽舍宫前，一对老年男女，坐在排椅上，深情地对视，然后接吻，每次一两秒钟，连续四五次才罢休。

香榭丽舍大道旁边的池塘边，一个不为人注意的角落里，齐克抱住茉妞，摆好要接吻的姿势，对尼克说：“准备好了吗？一定要给我们拍下来呀！”

2秒钟过去，尼克拍下茉妞和齐克的巴黎之吻，也长长地喷出提前准备好的一口水：“我吐了！”

教堂外的军乐

AUTHOR · 尼克

我们朝巴黎圣母院走去，我隐隐约约听到了音乐，便快速跑过去，果然有一群学生在演出！

这个乐队有中学生也有小学生，甚至还有几个中年人，技术都很好，不过他们的小鼓手的预备动作很奇怪，是把鼓槌放在鼻子底下，有时敲一下鼓还再要敲一下鼻子下面。

更让我想不到的是，他们的压轴曲目竟然是神曲《江南style》！小鼓手还在台前跳骑马舞，真是帅呆了！

演出结束后，我们和演员合了影，我还要到了指挥的签名，也和他合影留念了。

之后，我们开始了无聊的圣母院之旅。

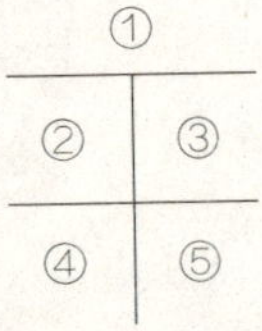

①巴黎圣母院，没有卡西莫多
②③④欢乐的乐团
⑤哥们儿也是玩乐器的

PREMIER

PREMIER

“上嘴唇”乐队

AUTHOR·齐克

巴黎圣母院，法国人和中国人都绕不过去的情结，齐克和茉妞是一定要拜谒的，虽然尼克很不情愿！

出租车把三个人放在塞纳河对岸，尼克从桥边往下看，有大型游船通过，他立刻兴奋地对着船上的人挥手，并用刚学到的一句法语大喊：“热驴！”

世界的语言真有意思，英语中“热狗”是食物，法语中“热驴”是“你好”！

到达巴黎的第一个晚上，尼克就学会了这句法语，也爱上了这个游戏——只要从桥上看见有游船通过，就挥着手对船上的人喊“热驴”！

有时船上的人会挥手回应，有时人家理都不理，尼克照做不误。

茉妞和齐克沉醉于巴黎圣母院的宏伟、庄重和神秘，尼克却沿着墙角寻找昆虫！

走着走着，突然听见隐隐的音乐声。

自从尼克学习小号，他对音乐非常敏感。这次欧洲旅行前，他刚刚参加完小号五级考试，自我感觉良好。

听见音乐声，尼克好像蜜蜂被花香吸引，转过墙去，在巴黎圣母院的后门，看见一个乐队正在一个平台上演出！

听众就是过往的游客，有的站着，有的坐着。平台在阳光下曝晒，周围是茂密的树林，观众躲在树荫里，享受着清凉和音乐。

这是巴黎送给游人的免费艺术大餐吗？

尼克马上像吃了兴奋剂一样，走到乐队前面去，茉妞和齐克也好奇地跟着。乐队整齐地穿着蓝白相间的服装，大方简洁，非常神气。

他们惊奇地发现，乐队中大部分是学生，有几个与尼克差不多大。这更让尼克兴奋。

指挥是一个败了顶的中年男子，很会调动观众的注意力，每演奏完一曲，都恭恭敬敬地向观众行礼，赢得阵阵掌声。

尼克听着听着，手不由得跟着节拍动起来，与乐队融合在一起。

让尼克感到新奇的是，鼓手总是把鼓棒放在鼻子下面、上嘴唇上面，他们的手似乎都已经形成条件反射，敲一下鼓，鼓棒不偏不倚地正好落在鼻子下面、上嘴唇上面。年龄最小的那个女生，有时把握不太准，鼓棒常常戳到鼻子。

茉妞和齐克也注意到鼓手们的这些特点，喜欢给人起绰号的齐克心说，应该送他们一个名字，就叫“上嘴唇乐队”吧。

塞纳河上的游船

最有意思的一支曲子是他们改编的《江南style》，演奏过程中，鼓手们放下鼓，跳起韩国鸟叔的舞步，一个高个男生还跳到了观众群里，引起观众一片尖叫声！

曲间休息，已经下午4点多钟了，按原计划，这时他们应该在卢浮宫，可是尼克说："老妈，我们再听一会儿吧！"

茉妞也听得津津有味，顺坡下驴，答应了尼克。

这时，一件意想不到的事情发生了，年轻的鼓手扑到茉妞和齐克坐的长椅两侧，要与他们合影。一家三口受宠若惊，欣喜若狂地搂住他们，让他们尽情地拍摄！

第二轮演出开始了，茉妞和齐克坐在后面远远地听，尼克则仍然站在前排，听完了全部曲目。当又一轮《江南Style》的舞蹈落幕时，尼克心满意足地跑回茉妞和齐克面前："真有意思，他们老拿鼓棒碰嘴唇！"

齐克逗尼克："后悔没带着号嘴出来了吧？要是带着，你现在就可以借他们的号试试身手！"

尼克点头，看着收拾乐器准备离开的乐队成员，似乎想跟乐队成员交流点儿什么，可是不会说法语，张不开嘴。

还是齐克脸皮厚，拦住两个年龄最小的鼓手，让尼克与他们合了影，还把尼克介绍给了敗顶指挥："My son，he plays trumpet.（我儿子，他吹小号。）"

指挥热情地握住尼克的手："Oh，trumpet player！（噢，小号手！）"

尼克如愿以偿地与敗顶指挥合了影，还得到了他的签名。

乐队成员先后离开了，尼克也满足地准备配合茉妞和齐克游览一下巴黎圣母院。突然从身后又冒出那几个鼓手，以最高个的那个为首，他们搂着齐克的脖子，高高地举着手机，要来一张与齐克的自拍合影。

茉妞主动帮他们拍，拍完，高个鼓手仍然坚持自拍了一张。

齐克觉得这些孩子太可爱了，伸手去拉腰包，高个鼓手以为齐克要给他们小费，连说“No，no！”齐克掏出一张名片，用具有中国特色的礼节对他们说：“Welcome to Beijing！I will treat you with Beijing coast duck！（欢迎来北京，我请你们吃北京烤鸭！）”

看那几个法国孩子远去的背影，茉妞对尼克和齐克说：“也许过不了几天，我们就会出现在这些孩子的Facebook上；下学期他们学校乐团招生的时候，他们可能还会用这些照片去宣传，还会配上文字——我们的演出受到一个中国家庭的热烈欢迎！”

带着对音乐的快乐回忆，我们赶到卢浮宫，可是卢浮宫已经停止售票了。

快乐的法国人

AUTHOR · 尼克

如果有人问你，干什么最难？你可能会回答赚钱、写作或是其他东西，其实让自己和别人快乐是最难的。

如果你观察一下中国的清洁工，再观察一下法国的清洁工，你就会发现他们之间的区别。

世上最无价的事情是快乐

中国的清洁工工作时永远愁眉苦脸，一副不情愿的样子。他们聊天时唯一的话题就是抱怨工作怎么不好，怎么不如意，工资怎么低。

法国的清洁工则恰恰相反，他们工作时永远笑着，有的还吹着口哨。他们没有太多时间聊天，但碰到一定会打招呼。他们的快乐也能够让其他人变得快乐。

从两国的清洁工就可以看出，法国是一个充满快乐的国家，每一个人都享受着他们生命中的快乐。

第一次欧铁之乘

AUTHOR·齐克

从巴黎去普罗旺斯，坐欧洲大陆的火车，这是茉妞设计好的行程。

用她自己的话说，是“假公肥私”，主要是满足她本人对世界薰衣草之都普罗旺斯的向往之情，尼克和齐克作陪！

11点07分的火车，出宾馆时已经过了10点15分，花八九分钟才打到车，时间很紧了，又是第一次持通票乘坐欧铁，需要提前到车站去激活车票。

一家三口都不会说法语，情绪紧张起来，茉妞尤甚。

票都是茉妞在国内订好的，她压力最大，当然也掌握着全家的“生杀大权”，一站赶不上，接下来的行程都受影响。

还好，虽然不会法语，但两天的巴黎生活经验，辅以结结巴巴的英语，茉妞凭借丰富的手势和肢体语言，只问了两次，就找到了问询中心，激活了欧铁的通票，提前20分钟来到13站台，踏上普罗旺斯方向的火车。

3号车厢，一等座，94、95、96号，他们上车后发现93号座位

同乘老者

车出巴黎，风景如画

上已经坐着一位老者，脖子上挂着眼镜，眼前桌上放着一本厚厚的书和一份法文报纸，没有表情，抬眼看了一眼他们仨，又把目光落到报纸上。

他们仨顿时有些紧张，压低了声音，放好行李，各人写各人的文章。

火车准时开动。火车站周围就是法国著名的里昂工业区，从车窗里还可以看见远处冒白烟的烟囱，火车经过的地方有些废旧的工厂，污染一点儿不比中国少。

十几分钟后，火车驶出巴黎，无边无际的原野呈现在眼前，大片大片的绿色滋养着眼球，拥挤的巴黎被甩在身后，心情大好。

火车分上下两层，一等座在上层，舒适豪华程度超过国内高铁的一等座。尼克完成了写作任务，玩了一会儿iPad里的游戏，被齐克制止了。尼克虽然不迷恋游戏，但还是不高兴，倒出5颗口香糖，一把塞进嘴里，赌气地嚼着。

齐克和茉妞各自写作，茉妞坚持用笔在笔记本上写，她说这样写得快。齐克用手机写，写得手指手腕都快要痉挛了。

写完后三人互相看，互相拍马屁说写得好。这成了一家人每天必修的功课。尼克曾抗议说因为写文章把这次旅行搞得很紧张，但还是被茉妞和齐克哄着骗着一篇篇地写下去了，收获也一点点地看到了。

写完了，齐克猛一抬头，发现对面的老者在默默地看他，而且对他笑了笑。

齐克马上还以微笑，还把口香糖瓶子递给他。

他微笑着拒绝了。

这几个动作成为他们沟通的开始，老者告诉齐克，他原是一个医生，已经从工作一线退休了，有时写点儿医学方面的文章。写文章的人有时也会惺惺相惜，难怪老人会主动示好。

齐克说："我们一家都在写文章！"

老者微笑着点点头，接下来的一个动作和一句话让齐克肃然起敬，他用左手指了指脑袋，又挨个指了指右手的指头，慢条斯理地说："You are thinking with your finger（你在用手指头思考）！"

普罗旺斯圆梦之旅

AUTHOR・茉妞

决定此次欧洲之旅时，全家人开会研究路线，各抒己见。尼克的个性化要求是，要去意大利吃比萨和意面。齐克的要求是，既要多游历几个国家，行程又不能太紧张太累，要感受欧洲强国的文化，还要照顾尼克对生物学的痴迷，行程不能走回头路，还要到日内瓦……噢，他的要求真的好“少”哟！

路线规划由茉妞独自完成，最后提交父子俩主要是齐克批准。可怜这个高考时地理都没能及格的女人，对着世界地图、欧洲地图、各途经国地图、欧洲铁路运行图，还有电子地图一通研究。

突然，茉妞有个发现，如果既去法国又要去意大利，那么可以到法国南部拐一下，从巴黎到普罗旺斯的教皇城阿维尼翁，只要2个多小时，很方便。

茉妞说

在一个浪漫的国家，一家人都应该浪漫起来。

热情宁静的阿维尼翁

于是，在性价比合适的前提下，这个从不提个人要求的劳模妇女茉妞为自己定下了一段行程，两晚一日半的普罗旺斯之旅！

噢，普罗旺斯，那在著名游记作家彼得·梅尔笔下如梦如幻的乡下生活，那象征着无比浪漫美丽的薰衣草花海！

起程前往普罗旺斯的那天早晨，三人从酒店出发前往火车站时已经过10点了。虽然火车站从地图上看离酒店不远，但欧铁通票的使用对茉妞还是新鲜事物，从酒店出来又有10分钟左右没有见到出租车，三人心里就有点儿慌了。好不容易打上车，到火车站还有30分钟就开车了。

一进去，人山人海，看不到工作人员，两次连说带比画地询问，终于找到咨询台。一个黑人妇女正跟工作人员咨询，明显是正经事说完了又瞎聊了半天。把茉妞急的呀，又不知道怎么打断她们。

终于轮到茉妞，通票和座位票递过去，茉妞用英语问怎么找到这辆车。工作人员看看票，又看看表，轻松地摆摆手，说："别急，你时间充裕。"

这句话茉妞听得可明白了，一下子舒了口气，这才记得回头看看父子俩的情况。发现一大一小两个男人，每人背着个鼓鼓的双肩包，像小学生一样紧贴在茉妞身后，满脸紧张又茫然地盯着茉妞的一举一动，样子真是呆萌呆萌的，好可怜，于是忙安慰他俩说："没问题了，她说咱们时间充足着呢！"两人才跟着放松下来。

欧铁通票激活手续很简单，工作人员在通票上盖个章，写个

阿维尼翁老城墙，挖个洞就可以进出了

普罗旺斯大肥皂

日期表示激活，然后再在乘车日期栏填上了当天日期，表示他们的6日票使用了一日。工作人员把票还给茉妞，指着附近一段滚梯说，从这儿上去，就是站台！

跑上站台，通过电子显示屏找到要乘坐的车次，走进预订好的一等车厢，三人脸上同时呈现出幸福的满足感。尼克不忘确认一下后面行程座位是否也是一等座，得到肯定的答复，兴奋地低叫了声“Yes”！

舒适的行程，齐克一直在写作，娘儿俩也各写了一会儿，开开心心地到达阿维尼翁。

小城张开热情的怀抱迎接了三个人。

在出站的路上，有一个玻璃连廊，尼克看到一只迷路的黄蜂，把它捉进捕虫器里带到室外放生，满心欢喜。

室外扑面而来的阳光、绿色、花朵和干爽的风，给了茉妞一个感觉，见到了一位神往已久的老友，真亲切！

阿维尼翁是个小小的城堡，老城墙里面，建筑全是教会风格。教皇堡是最雄伟的建筑，虽然其辉煌华丽与法国宫廷无法比拟，但自有一种朴素庄严的气质。父子俩在茉妞的要求下到教皇堡附近转了转，就要求回酒店先休息一下。茉妞可舍不得把大好时光用在睡觉上，她决定一个人好好享受这下午的悠闲时光！

茉妞先在城内的商业区流连了一阵，好些专门售卖各类植物肥皂、精油的，还有卖家居布艺的，甚至还有卖家具的。好些欧洲游客在那里挑挑选选，真不知道他们要怎样将那些法国山区风格的家具带回家！

阿维尼翁街景

云影流转的普罗旺斯山地，可惜好多花田已经收割了

小城的路蛛网般密布，有许多窄窄的只容两人并行的小巷，两面是高高的石屋子，让茉妞恍惚觉得迎面就会撞上一个教袍蒙面的中世纪教士。就这样漫无目的地闲逛到古城墙上，城墙原来定是有防守的功能，建得又高又厚，从上面望到外城，有缓缓流淌的大河，两侧是绿草荫和大乔木，再远一点儿，又是一条大河，这两条河都是罗纳河的支流。对面的山坡上，清清楚楚地看到教皇新堡，真是风光旖旎。

热情的阳光烤痛了茉妞的脖子，她用教皇堡顶高高的金色圣

从城墙上望到河对面的教皇新堡

母像做定位，开始慢慢往酒店的方面走。趁着没有齐克这个严格的督导在身边监管，茉妞好好放纵了一下自己，一下买了两个冰激凌，是当地一种奇怪的洋甘菊口味，酸甜口感，很解渴。之后又来了一瓶可乐，找到一条小小的巷口，在台阶上坐下来，边喝边像法国人那样放空自己，呆呆地看天上变幻的云，还有对面小街上三三两两的行人。风儿吹在身上，爽而不凉，感觉真是完美！

普罗旺斯第二日的“奇妙薰衣草之旅”是茉妞在国内订好的，入住酒店时，茉妞就让前台帮忙确认过。

① ②
③ ④

①红土城著名的薰衣草冰激凌，其实味道一般
②尼克在花田里的收获，一只螽（zhōng）斯，引起了导游的好奇心
③花农家，理想的山居之地
④薰衣草花海

知识小百科

螽（zhōng）斯：昆虫，中国北方俗称“蝈蝈”，身体褐色或绿色，触角呈丝状，善于跳跃，有的种类无翅。

① ②

③

①花农演示精油制作

②当地市场上的花摊和植物肥皂摊

③和花农的女儿一起，手里是她家的产品

在石头城拍全家福

第二日早晨，茉妞全家提前5分钟来到酒店门口，本想着导游肯定得早到一会儿吧，没想到根本没见人影。茉妞要前台男士帮忙催一下，男士看看表，信心满满地说："刚到9点，不用催。"果然，一出门，9点整，一位女士开着奔驰商务车来接他们了，真是准时。

这一天的游览中，向来挑剔的齐克表现很好，一直鞍前马后地做茉妞的摄影师，为在薰衣草花海中摆出各种陶醉表情的胖胖的茉妞拍照。尼克只是一心找虫子，有时对茉妞提出拍合影的要求颇不乐意，茉妞无意中听到齐克劝儿子："好好配合啊，小子，这是你妈妈的夙愿，她一直想来这儿！"

真是温暖！

普罗旺斯的街头艺人

AUTHOR · 齐克

因为练小号，尼克显得比茉妞和齐克多了些艺术细胞，对街头艺人比较关注，每见必给钱。这让茉妞和齐克觉得道德上比尼克矮小，可又觉得必须为尼克的大方准备好银两，特别是尼克明显受到欺骗的时候。

在欧洲，在普罗旺斯，尼克不止一次甘愿地被骗。

普罗旺斯的罗马教廷广场已经不具备当年的威严和神圣，变成了一个游乐场，数百米高的金色圣母玛丽亚俯瞰的不是虔诚的教众，而是来自世界各地的好奇的游客。

吸引游客的，不光是教廷古老宏伟的建筑，还有花样不断的街头表演。

齐克在街角发现一个吹魔笛的人，就像阿拉伯人吹的那种，只差一条随着笛声起舞的蛇。不远处还有一个人弹竖琴，琴声清脆，喧嚷的人群挡不住琴声的游弋。

尼克已明确宣布他不打算游览古城墙，但不拒绝对任何乐器的欣赏。

齐克立即带他去。

可是几分钟的工夫，魔笛已经消失，竖琴的位置被两种新的乐器取代了，一个瘦瘦的年轻人拉手风琴，一个胖胖的老年人拉小提琴。

他们拉得非常投入，非常专业。两人之间不断有默契的配合，激情所致，他们的身体也会随着旋律有节奏地运动。美妙的

教皇堡下的街舞青年

琴声换来一阵阵掌声和大方的馈赠，他们跟前的琴盒里，一会儿就收到好多硬币！

尼克听得入耳，更不愿去看古代教皇的城堡了，他与茉妞、齐克达成协议，他在这里听音乐，茉妞和齐克回来找他。

半个小时后，茉妞和齐克从城堡出来，远远地看见尼克正在和几个人聊天，手脚还不停地比画着什么。

街头艺术家

女高音

茉妞担心地说："他干什么呢？不会有人要骗他吧？咱们快过去看看！"

齐克阻止茉妞："别慌，先观察一下再说！"

过了一会儿，没发生什么意外，相反，尼克搂着一个小男孩，一个成年男子在给他们拍照！

等茉妞和齐克赶过去的时候，只剩下尼克自己，不等茉妞问，尼克兴高采烈地汇报："老妈，我遇到一个球友，我们在北京紫金长安的球场上打过球，他跟他父母和表姐来这儿旅游，你说巧不巧！"

“是育英学校的同学吗？”茉妞和齐克也都觉得很巧，世界实在太小了。

“不是，他是上海人，去北京他表姐家过暑假时我们打过球。他表姐是我们学校的，好像上初二，她说认识我，看过我在《北京日报》《北京晚报》，还有《能量》杂志上发表的文章！”齐克很兴奋，也还算淡定，这样的巧遇也是难得的人生经历。

“我看你们聊了好一会儿，都说了些什么？”茉妞恨不能把他们相遇的每一个细节都搞清楚。

“就是些旅途见闻，他们明天就去巴黎，我球友的妈妈还邀请我去上海玩！”

一阵强劲的琴声飘过来，手风琴和小提琴还在激昂地演奏着，胖胖的小提琴手倾斜着身体，应和着手风琴，进入了忘我的状态。

尼克当然要给他们送钱，送得心服口服。

这是三个人见过的最投入的街头艺人，茉妞认为，小提琴手肯定是从专业院团退休下来的，要不没那么高的水平。可是专业琴手也来街头卖艺挣钱？欧洲艺人的处境没这么糟糕吧？

第二天，他们看过薰衣草种植园和加工厂归来，又从此处经过，想再看看那个小提琴手的风采，不见了，换人了，换了一个女高音，唱着哀婉凄艳的歌曲。虽然听不懂歌词，那细细的、悲怆的音调就要把游客的眼泪催出来了。

茉妞像尼克一样感动，把一枚硬币送进钱筐。

女高音的身材瘦得像一株薰衣草，她的歌声游丝一样高渺却顽强，足以穿透城堡厚厚的古墙。

普罗旺斯的甲虫

AUTHOR·尼克

早上9：00，我们开始了一天的薰衣草之旅。

第一站是普罗旺斯的一个集市，我和齐克对购物一点儿兴趣都没有，但我发现桥下有两桩朽木，我和齐克跑了下去。第一个树桩因为腐烂程度不够，我们一无所获。接着我们把目标对准了第二块朽木，刚踹下来一小块，我们就捡到了两只已经死了的犀角甲虫母虫，接着踹下一大块朽木，发现了一只犀角甲虫的幼虫，它已经和我的手掌差不多大了，应该是3龄幼虫，准备化蛹了。

然后我看到了一个埋在木屑中的甲虫的壳，我把它拿出来，是一只死了的雄性犀角甲虫。

死了也很珍贵，我决定收了它，做标本用。

我还是没有找到盼望已久的欧洲深山锹甲。

齐克又踹下一块朽木，我看到一个黑色的东西在爬，一把抓了起来，竟然就是欧洲深山锹甲！

我们离开时才发现，那桩朽木是个超大的蚂蚁窝！

还好我身上没爬上蚂蚁，可齐克就没有那么幸运了，他身上全是蚂蚁，咬得他嗷嗷叫！

朽木里的发现

派拉·罗雅拉

AUTHOR·齐克

进入欧洲，截至进入米兰，尼克评价最高的一种食物，是在卢浮宫的地下餐厅吃到的一种炒饭。当时正好到了晚饭时间，尼克第一眼看见就走不动了。

硕大的一盆，米饭炒得黄黄的，米粒很长，尼克说有一厘米。与米饭混在一起炒的有大虾、芸豆、贻贝，最让尼克忍不住口水的是米饭上面覆盖着的一层鸡腿和鸡胸肉。

齐克也看中了这种炒饭，因为在他的美食经验里，只吃过一次类似这种炒饭的食物，那是几年前在新疆喀什吃过的当地手抓饭，里面放了各种肉类、蔬菜和干果，好吃极了！

尼克和齐克每人要了一份，眼睁睁地看着黑人服务员从大盆里往餐盒里盛，首先是黄得耀眼的米饭，然后是各种蔬菜，接着是4个贻贝、一块大大的鸡胸肉和一根大大的鸡腿，满满的一盒，很厚实，够分量。

尼克铲起一勺，放入口中，一股绵绵的香味沁入口腔，细细地咀嚼长长的米粒，饱满的肉香、菜香和清爽的果香一起冲击味蕾，顿时征服了整个味觉系统。连续吃上儿口，香味持续悠长。芸豆、虾和贻贝，单独品尝又各具味道，鲜香俱全。鸡胸和鸡腿，除了浓郁的肉香，还饱含着果蔬、谷物的芬芳，大快朵颐之后，还需细嚼慢咽，孜孜品味。

“好吃，太好吃了，这是我吃过的最好吃的炒饭！”连续几天，尼克一直对它念念不忘，舌尖上似乎还残留着它的香味。

没想到，在普罗旺斯，又遇到了这种炒饭。

尼克在普罗旺斯的一家沿街餐馆里看见了这种炒饭的图片，毫不犹豫地选了。等了近一个小时，上来后却逊色得多，芸豆、贻贝、鸡腿都有，米饭也炒得黄黄的，可就是没有那种浓郁、绵密的香味。

齐克问老板这种炒饭的英文名字，老板说它是一种西班牙炒饭，名字叫派拉·罗雅拉（Paella Royally）。

尼克直摇头，骂坑爹。

这是中午发生的事情。当天晚上，茱妞请尼克和齐克在普罗旺斯吃法国大餐。餐具讲究，名目繁多，程序复杂，可是尼克说，没有中午的派拉·罗雅拉好吃，更没有卢浮宫的派拉·罗雅拉好吃。

①
③
②

①西班牙炒饭够粗放
②像画一样的法式大餐
③小美食家更爱“豪放型”饮食

CHERIE
LA BOUCHERIE
LA BOUCHERIE
LA BOUCHERIE

全家共识：不为旅途放弃自己的喜好

01

在行走中尽量保持自己的生活习惯，如果喜欢打篮球，就带上你的装备吧！

02

不要把时间都用在赶路上，到一个地方住下来，享受当地的生活。哪怕是在长椅上静静地坐一会儿，看当地人行法式贴面礼。

03

景点的选择要尊重孩子的爱好和需要，不一定去最著名的地方，但一定要去孩子喜欢和感兴趣的地方。

04

如果英文尚可，建议一日游的行程最好是报英文团，会有更多异域文化的交流。

05

鼓励孩子与当地人交流，儿童的沟通能力是大人想象不到的。

06

孩子的稚气与顽劣应该受到尊重！大人也不妨一起放松点儿，与孩子一起向游船上的行客高呼“热驴”（法语，你好）。

07

孩子喜欢音乐，就让他去聆听吧，不一定要去参观古建筑。

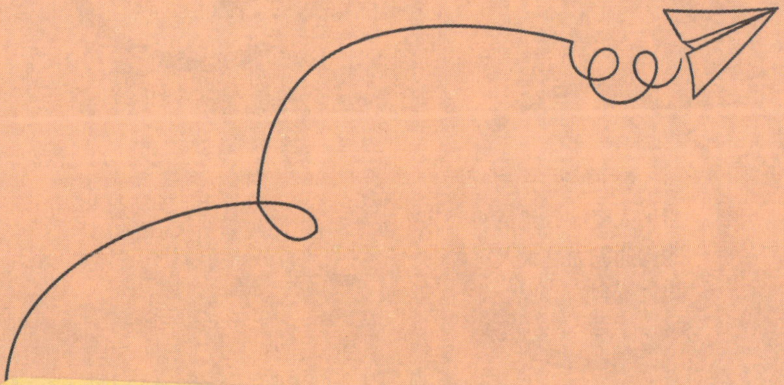

8月3日：米兰大教堂

欣赏夜景。

8月4日：米兰市区游

达·芬奇科技博物馆，晚间乘火车去日内瓦。

正面朝上，插入票口

Chapter 4

European Travel

坑爹的米兰

二乘欧铁：惊恐连连

AUTHOR · 茉妞

米兰之行即将开始，阿维尼翁酒店前台的法国绅士为我们叫了出租车，前往火车站的道路一路通畅。茉妞无意中打开包翻了翻，写游记的小本本不见了，冷汗一下子冒出来。好在一下车就在尼克的包里翻到了。

齐克大为光火："你能不能不要这么一惊一乍的！"

尼克也起哄："你老这样，刚才你满脸都是这表情！"

说着就把眉头皱成一个团，眼神特别聚集到某处，嘴也似乎因眼部皮肤的牵拉而惊恐万状地微微张开，同时紧张地四处张望。

齐克和尼克得意地大笑，茉妞原不觉得自己会有这副蠢蠢的表情，看了尼克的模仿，突然意识到事实果然这样，于是也立即做了个同样的表情，跟着父子俩一同大笑起来。

从阿维尼翁乘上高铁，一路风景如画，车窗外飘过梵·高画中的向日葵花田，低矮的云在山间变幻着多样的色彩。

车到法国莱昂火车站，齐克一家下车，正好快到10点，1个小时后转乘火车17921到莫达讷。于是，一家人决定去方便一下，另

告别洛尔洛奇酒店。这里的服务员都是绅士淑女

外在火车站买点儿午餐。

莱昂站很大，人乌泱乌泱的。按照厕所的指示找过去，路上尼克还问：“不知要不要钱？是7毛还是1块5啊？在这法国呀，要是穷人那还不得憋死啊。”

不想找到厕所，既非香香的，也非臭臭的，竟然是关张。外面站了许多满脸失望和难以置信表情的各色人种。

齐克到一家开在火车站里的酒吧询问可不可以使用厕所。女招待说：“只有买东西的顾客可以使用。”齐克立刻十分豪爽地说：“那不成问题。”

MODANE

于是，女招待用遥控器打开厕所的门，一家人分别如厕。

如释重负后，齐克到吧台买水，男招待两手一摊，只有酒，没有水。齐克说，我用了你们的厕所，一定要买水的，那怎么办？男招待又两手一摊，那就请走喽。

法国人如此！

三人到公告牌上找到17921的发车站台是G，于是走过去，见有一辆旧旧的火车缓缓开来，这时离17921发车还有30多分钟。一家人一致认为，这是头一班车。车子停住后，齐克还说，他在车头看到一组数字是2打头的，一定不是我们要乘的车次。

大家等了好一会儿，这辆旧火车并没有开动的意思，茉妞有些吃不准，决定去打探一下，往前跑去。

齐克在她身后愤愤地喊："你又去哪儿乱跑！"

尼克跟着老爹乱喊："注意控制表情，你又慌了！"

但是，多亏茉妞去打探了一番，她在前面挺远的地方看到一个悬挂着的电子指示牌，显示停着的这辆火车就是前往莫达讷的17921！

茉妞有点儿拿不准，慌乱地拿着票找到一个好不容易出现的穿制服的女士，向她一指票上的目的地，女士一指旧火车，就这辆，上吧！

①|②
③

①列车员悠闲地过来检票
②忘不了的莫达讷
③窗外的山间美景

三人疑惑地跑上车，找到标着一等的车厢，再一看自己的订座票，没有显示座位号，太诡异啦！

正好有个穿着白制服的帅大叔悠闲地漫步过来，茉妞又被齐克指挥着去确认。一问，大叔轻松地指指几乎没人的车厢，说，就是这辆车，您请随便坐吧。

三人这才定定神，坐进一个6人的包厢中，太爽啦！

车开起来，齐克在一排座位上躺下，以包为枕打起了呼噜。尼克很羡慕，拿了另一个包到旁边的包厢里像爸爸那样睡起来。只有茉妞一个人欣赏法国山间美景，顺带关注着下车时间。

3个小时很快过去，车子在小镇莫达讷停住。小小的火车站只有两间屋子、两个站台，但景色美丽得让人窒息。转乘的车在1个小时后，一家人开心地在站台上拍照。三个人没心没肺地摆拍，并不知道欧铁即将给他们迎头一击。

三人到莫达讷车站内，公告牌是个老旧的电视机，上面并没有茉妞一家要乘坐的前往米兰的9245次，去问询处问，工作人员说："今天没有车去米兰，取消了！"

怎么可以这样！！！这怎么办！！！

茉妞一定是露出了尼克所说的那种惊慌表情，还得是特别夸张的那种，反正里面的服务员都看出来了，直安慰她说："淡定，淡定！我们会有一辆巴士带你到米兰！"

茉妞就一直带着那副表情去把这个消息告诉父子俩，没想到尼克开心地说："Exciting！（刺激！）"

漫长的等待。从2点等到4点，等到下一班去往米兰的人转到莫达讷，好几拨人集合起来乘大巴前往一个叫巴东内基亚的小镇，一路上风景如画，仙境似的小村镇安放在峡谷之间，山间森林密布，高耸的山间飘着不断变换形状的白云。

尼克正和刚认识的法国黑人小朋友“小摇滚”打得火热，两人坐在一起说说笑笑。齐克和茉妞坐在一起，手拉着手看窗外的美景，心中说不出的宁静。

很快到巴东内基亚，宁静消失了。

慌乱的人群如鸭子般涌进一个不知去向的门内，一个工作人员指挥大家往前走，闹哄哄地上了一辆不知从哪里来只知往米兰去的火车。二等车厢的人都挤坐在地板上了，多亏茉妞预订了一等车厢，还预订了座位，好歹是安顿了下来。

因为这是两三个车次的人拼到一辆车上的，座号自然就乱套了，也不见有个工作人员来维持一下，大家就这样闹哄哄地折腾了好一阵子，17：00，车子缓缓开动了。

2个半小时的漫长行程，山间美景因为行程的波折而吸引力大减。

一个美国老太太开心地和茉妞一家交流各自的游历，一个从二等车厢混进来的胖胖的意大利人吹着口哨，给大家讲意大利的运动项目，讲车子到了哪儿，讲都灵是冬奥会的举办地，还教了齐克关于某城和某城人的意大利说法。

他问齐克从哪里来，齐克答北京：“噢，Beijingno（北京城）。”茉妞点头说：“对，我们，Beijingnosi（北京人）。”

一路上尼克忍着饥饿，要留着肚子到米兰去吃意面和比萨。

上天保佑，车子终于在晚上7点半到达米兰。

尼克和“小摇滚”

AUTHOR · 齐克

滞留法国东部小镇莫达讷，尼克交了一个黑人朋友——“小摇滚”。卷曲的头发，黑里透红的皮肤，不停地扭着小屁股，有点儿摇滚的节奏，所以叫他“小摇滚”。

小摇滚只有5岁，跟他爸爸去米兰旅行，不知道什么原因火车被取消，火车站安排了一辆大巴，要送他们去意大利的巴东内基亚去乘火车。小摇滚一个人可怜巴巴地在大巴旁边玩。

茉妞和齐克跟小摇滚的爸爸探讨车次的问题，尼克走过去，用他在普罗旺斯抓到的锹甲逗小摇滚。

小摇滚又好奇又害怕地看着锹甲，伸出黑黑的指头试探它，不敢碰。在尼克的鼓励下，用指尖戳了一下，惊恐地缩回手，又戳一下。

茉妞说

旅途中要鼓励孩子多交新朋友。

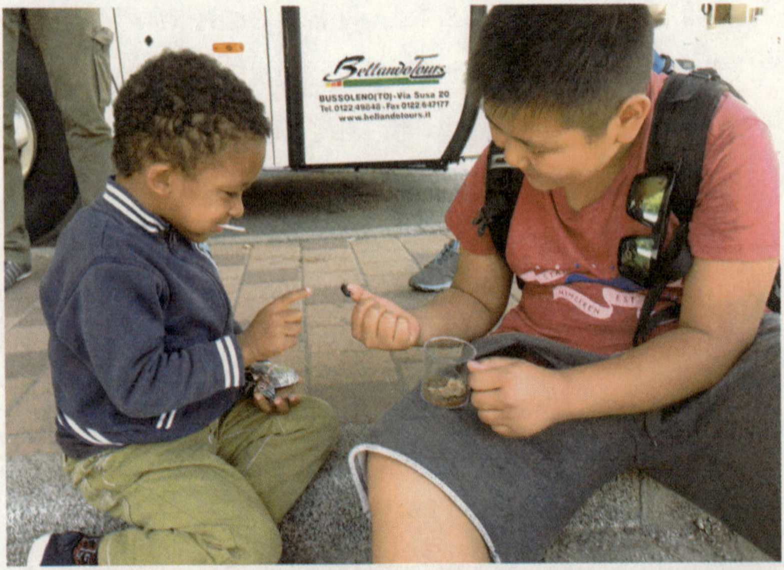
Bellando Tours
BUSSOLENO(TO)-Via Susa 20
Tel.0122.49848 - Fax 0122 647177
www.bellandotours.it

你敢摸吗

Bellando Tours

两个摇滚青年

看着尼克从容自若地拿来拿去，小摇滚对尼克崇拜得不得了，很快成为尼克的粉丝。尼克也喜欢上了这个黑皮肤的小弟弟，搂来搂去，不断抱起来掂他有多重，借了帽子和墨镜给他，引得双方家长频频拍照。语言不通，但他们的交往似乎不需要语言，共同的爱好就是儿童最好的交流工具。

小摇滚很喜欢音乐，从手机里调出摇滚乐给尼克听，还扭着小屁股跟着音乐跳舞。一直在给他们拍照的齐克终于明白为什么黑人那么爱摇滚和说唱音乐，那是他们骨子里的基因。

尼克从自己的手机里调出他考小号五级练过的曲子《秧歌》，小摇滚竟然也跟着扭起来。

巴士出发的时候，尼克和小摇滚已经形影不离，紧挨着坐在一起，听音乐，玩游戏，亲密无间。

难怪有时候尼克会对茉妞说他想要个小弟弟。真有个小弟弟，尼克得高兴成什么样，又会把他宠成什么样？！

该下车了，小摇滚父子要乘另外的车去米兰，小摇滚与尼克像成年人那样握手告别，还专门向茉妞和齐克告别。茉妞抱着小摇滚，心都快融化了。一向不擅长亲吻别人的齐克，想去亲亲小摇滚的脸，人太多，一挤，亲到了他的小耳朵！

霸气的美国老太太

AUTHOR · 齐克

尼克向很多游客展示过他在普罗旺斯抓到的欧洲锹甲，其中有个美国老太太，最让三个人难忘。

登上去米兰的火车，三个一等座车厢里人头攒动，都在找座，连个乘务员也没有。

茉妞在国内订好的是9245次列车的一等座，可那趟车取消了，换了现在的这趟车，座位号是否还有效？不知道！是否需要对号入座？不知道！没有人通知。

根据从法国莱昂到莫达讷的经验，一等座没有号，不用对号，只要在一等车厢里，任何一个包厢随便坐。茉妞一家登上的是2号车厢，不少人已经坐下，没看见他们用票对号。于是齐克建议，先在2号车厢里坐下，有人来对号再说。

几分钟后，一个白人大嫂手里拿着票找来了，正是他们一家坐的那三个号，只好离开。

按照预订座位票，茉妞带领齐克和尼克找到3号车厢，他们预订的71号被一个越南女子占据，73号和74号被一对意大利父子占据，但不知道人家是否是这趟车应该有的号，又看见其他座位空着，茉妞一家就先找了三个空位坐下了。

另有几个看起来文质彬彬的白人和黑人也先占了座，不知道他们是否有号。

抱着息事宁人的思想，齐克和茉妞一致认为，只要没有人来赶他们，他们也不去赶那对意大利父子和越南女子。

齐克想找个工作人员问一问，穿过餐车，看见二等车厢里人满为患，有人坐在过道里，有人还在穿过餐车往一等车厢里挤，没看见一个工作人员。难道这是无人服务的欧铁吗？

回到3号车厢，在混乱的人群中，齐克看见一个白发苍苍的老太太手里拿着票，向每一个有座位的人要票。看得出，她在要求对号入座。

不少人拿不出票，或者把头转向窗外不理她，或者灰溜溜地拿着行李往二等车厢走。茉妞马上拿出车票，证明他们一家有座，但被别人占了。老太太同情地说，应该要求对号入座。齐克马上过来支持她。

在老太太的坚持下，没有票的人都离开了，只剩下三个意大利人还赖着不走，其中就包括占据73和74号的那对意大利父子。

老太太和她丈夫的座位是75和76，已经空出来了，按理她可以收手了。

茉妞和齐克都想妥协了，可老太太非常坚持让那对意大利父子出示车票。那位父亲辩白了一番，最后还是让出来了，茉妞一家终于坐到了自己的座位上。

车开动了，茉妞一家与老太太聊得很投机。老太太来自美国华盛顿，行程与茉妞一家差不多，也是从巴黎绕道去米兰。

尼克觉得老太太有趣，跟她讲了去年在美国的经历，还向她展示了普罗旺斯抓到的欧洲锹甲。

刚才执著、强悍地逼迫意大利佬退出座位的美国老太太，看着尼克的甲虫，吓得缩了缩肩膀，张了张嘴巴。

尼克得意极了。

拄拐杖的米兰老太太

AUTHOR · 茉妞

米兰，传说中的时尚之都，遍布教堂。

出租车把茉妞一家放在一栋建筑前，茉妞以为万事大吉，可门房小伙子拿着个电话要齐克听电话，里面一个女士叨叨了半天，大概是说这家店没有房间了，要我们换去另一家店！

哦，一家人只想快点儿休息，于是又莫可名状地掏了10欧元，到了不远处一个莫名其妙的地方，车子在一位拄拐的老太太面前停下。最少得有70多岁，是来接齐克一家的，太太太莫名其妙啦！

老太太又叨叨半天，总之是把他们带到了另外一间公寓里。茉妞自然是抱怨，老太太倒不慌不忙地说，重要的是你已经来到这里，重要的是我还在这里等你！看她拄着拐的样子，真是气不得，急不得。

算了，好在这里房间很大，位置又很好，窗外就可以看到米兰大教堂，是最中心的地段了，不与她计较了。

安顿好，吃饭去！毕竟到米兰的主要目的，是满足尼克吃正

令人满怀悲愤之情的比萨

米兰街头咖啡馆

宗意面和比萨的要求。食物端上来，尼克一边吃，一边摇着头，说：“真想来一碗老妈做的炸酱面，再来一个煎饼果子啊！”

天！一家人费了九牛二虎的劲，又是大巴又是火车地来到这里，究竟是为了个啥？！

饭后转了转，尼克被厚重的意大利食物注满了活力，跑来蹦去，不停地搞笑。回到酒店洗完澡，茉妞坐在沙发上叹口气，说：“今天总算安全着陆了！”

这时，在一边沉默了许久，不知在忙乎什么的齐克终于忍不住了，压抑着悲愤说：“插头好像一个也不能用！”

茉妞蹦了起来，四下检视，哪里是好像不能用，就是全部不能用！公寓里没有准备转换插头，而所有的手机都快没电啦！

太艰难了，这一天！末了末了的，还来了这么一下子！茉妞颓然坐到沙发上，无助感围拢过来，她都快哭了。

但茉妞不是坐以待毙的人，不能屈服！她想了一会儿，拿出两套方案，让房东送来，不忍心，她太老了，腿还坏了，不合适，那就只剩让齐克出去找家酒店租一个。齐克说，看来只有这一条路了。

就在齐克穿好衣服，准备在这异乡的夜里，忍着疲劳，出去找一个莫名其妙的转换器插头时，茉妞灵光一现，幸运之神还是光顾了这个疲倦的家庭！

茉妞跑到电视机前，说："我有个想法，最后一招啊，看电视机上有没有USB插口！"

哎呀，感谢飞利浦公司啊，他们的电视机上有一个USB口，可以为齐克一家三口的手机充电！足够好啦！

"老妈万岁！"

"你妈真伟大！"

这一次，屡遭嘲讽的茉妞安享歌颂！

坑爹的米兰

AUTHOR・尼克

在来欧洲以前，我的好朋友李欣童就告诉我，吃了意大利的比萨，国内的比萨都没法吃了。

于是，我到米兰的第一顿饭吃的就是比萨。

一口咬下去，还不如国内的好吃，把比萨翻过来一看，面坯都烤煳了，真是坑爹啊！

我还要了意面，也没有想象中的好吃。

最坑爹的是，在神圣的米兰大教堂前的广场上竟然有强盗！我们去米兰大教堂参观，一个白人突然塞给我一把粮食，我很疑惑地看了他一眼，然后一只鸽子落到我胳膊上，再一看，我左手中原来有一枚1元的硬币和一枚5角的硬币，现在只剩下5角了，那1欧元已经被他抠走了！

我喂完鸽子，一个黑人和那个白人跟我妈妈说他们想要一些钱。妈妈本来要给他们硬币的，他们说要纸币。妈妈要给他们一人5欧元，他们嫌少，要10欧元，妈妈只好给了他们每人10欧元，就这样，被坑走了20欧元。

唉！坑爹的米兰，不仅坑了爹，连爷爷和孙子也一块坑了呀！

喂鸽子，左边的白帽子强盗正与同伙分赃

意大利七恨

AUTHOR · 齐克

一趟为了比萨和意面的米兰之行，让尼克恨透了意大利人。

齐克和茉妞想，如果他连比萨和意面也恨透，就此挂嘴，再也不吃这两样东西，倒省了许多味觉的牵挂。

意大利人怎么招惹尼克了？

一恨：米兰出租车司机。从火车站送他们的出租车司机是个中年男子，茉妞把宾馆名字和地址告诉他，他竟然不知道，现查地图，叫人不放心。路上唱了两句意大利语的《我的太阳》，活跃了一下气氛，下车时里程表显示12欧元车钱，他硬要20欧元，可恶！

二恨：房东老太太。因为火车晚点2个多小时，她把茉妞在国内就订好的宾馆给调到另一家连锁店，转乘的出租车费她竟然让茉妞家承担。说好了房间可以用到第二天下午5点，可上午10点一刻，茉妞一家刚要出门，她鬼魂一样出现了，变着花样赶他们背行李离开。看起来温文尔雅，其实极端虚伪卑鄙！

三恨：抠门的女服务员。早餐的费用含在房费里，已经付过。茉妞要了茶，两个小茶壶，每壶能倒两小杯，不够喝。齐克又要了一壶，肥嘟嘟的女服务员又送来一壶，同时也扔下一句话：“再加就另收费了！”

四恨：米兰大教堂广场前的骗子和扒手。米兰最著名的就是他们的大教堂，数不清的塔尖，数不清的雕塑，圣徒们背负十字架，注视着广场上的黑人用几把脏兮兮的粮食引诱游人喂鸽子，然后逼着游客给钱，不给就抢。尼克被抢走了1欧元，茉妞被逼着为尼克支付了20欧元。还有几个黑人抢着要给尼克的手腕拴彩

乱乱的米兰火车站，让人只想赶快离开

绳，只要拴上就会要钱，被齐克强力拒绝了。

五恨：虚伪的街头音乐家。尼克已经给英国和法国街头艺人送出去几十欧元了。米兰街头艺人更多，有一个吹萨克斯的老头吹得还不错，尼克马上送过去2欧元……半小时后，又从他身边经过，已经不吹了，完全沦为一个醉汉，大声吆喝着身边的一个小伙子去给他买酒，与音乐家的形象相去甚远，尼克终于明白被骗了。

六恨：表情怪异的乞丐。在火车站，茉妞一家正在研究车次，一个女乞丐伸着手逼近了，齐克为了打发她赶紧走，立即掏出1欧元硬币给她，她却似笑非笑地看了齐克好一会儿，看得齐克毛骨悚然，拉着茉妞和尼克赶紧逃开了。

七恨：伪装的孕妇强盗。茉妞一家坐上了米兰开往伯尔尼的火车，在一等车厢刚坐定，突然上来几个孕妇，站到齐克面前，齐克以为她们是乘客，站起来让座，她们却指着行李架上齐克的背包，叽里呱拉，也不知道说的什么。齐克以为是叫他让挪开行李，刚要伸手去挪，列车长从对面冲过来，那几个孕妇突然逃走了！不一会儿，一个乘警来到一等车厢，赶走了明显不是这个车厢的两个黑人！茉妞一家这才明白，那几个孕妇是伪装的，想抢行李，幸亏列车长出现得及时！

此时，茉妞一家想起了中国大使馆的提醒，防抢，防盗！

意大利再也不是罗马帝国和文艺复兴时期的意大利了！

最后的午餐

AUTHOR · 尼克

马上就要告别坑爹的米兰了，我又变成了一只疯狗，我们决定在米兰吃最后一顿饭。

我们找了一家能吃比萨和意面的餐馆，我看到里面有一个满身面粉的老爷爷，茉妞说看着他就像个专业的比萨厨师。我们毫不犹豫地选择了这家。

我们点完菜，老爷爷立刻忙碌起来，开始给我们烤比萨。

没过多久，比萨的香气从烤箱那边飘来，又过了一会儿，老爷爷端上来两张硕大的比萨，紧接着是意面。

比萨的面坯烤得酥软可口，芝士的咸香与番茄酱的酸甜奇妙地融合，配上香肠，比萨变得完美。

茉妞说

吃得愉快，是孩子不可剥夺的权利，想办法满足他。

意面用新鲜花蛤蜊炒制，面条弹牙，蛤蜊鲜嫩多汁，撒上黑胡椒粉，给意面带来了一点儿辛辣的味道。

吃完饭我们才知道，老爷爷明天要去埃及，这是他在走之前做的最后一顿午餐，给我们享用了。我们真是太幸运了。

准备离开时，老爷爷请茉妞和齐克每人喝了一杯柠檬酒，并连说带比画地让我长大后带新娘子来光顾他的比萨店！

我认为这个老爷爷是米兰留给我们最美好的印象。

专业的厨师老爷爷

正宗的比萨和海鲜意面

齐克提醒：人在旅途安全第一

01

意大利人“生猛”，到此一游者，真的要按大使馆提醒的——防抢、防盗！

02

旅程中的意外情况无法避免，那就当作难得的冒险，欣然接受吧！

03

与不同国家的游人交流吧，语言不是障碍，大家都很欢快！

04

遇到困难，决不屈服，一定有解决之道，得给孩子做个榜样。

05

如果遇到不愉快的事情，那就一家人一起痛快批判，出口气吧！

06

当你几经辗转赶到目的地，发现你订的旅馆没有为你准备房间，不要担心，如果真有一次露宿街头的经历，那可能是你这次旅行最大的收获。

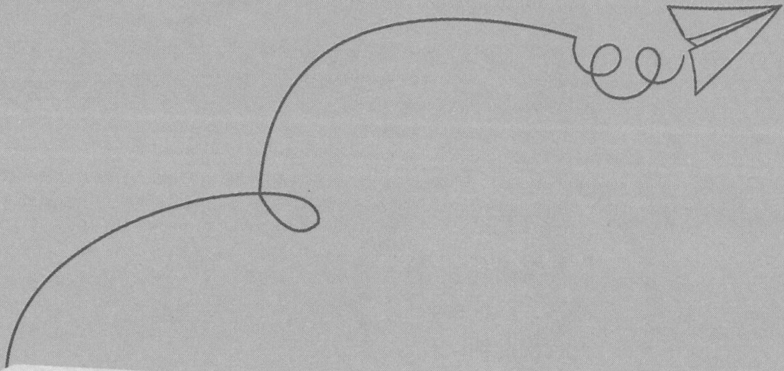

8月5日：日内瓦市区游

自然历史博物馆、万国宫、阿里亚那博物馆、日内瓦湖

8月6日：日内瓦–因特拉肯登少女峰

8月7日：因特拉肯–苏黎世–萨尔茨堡

8月8日：萨尔茨堡游

萨尔茨堡自然历史博物馆、莫扎特故居、萨尔茨堡要塞、米拉贝尔花园，晚间乘车去维也纳

正面朝上，插入票口

Chapter 5

European Travel

悲喜交加瑞士行

日内瓦的三张公交卡

AUTHOR · 茉妞

早上睁开眼睛，茉妞躺在床上回了回神，才想起自己在哪儿，把昨天晚上到日内瓦后的经历过了遍电影。

她突然灵机一动，跳起来用手机查了查欧元对瑞士法郎的汇率，1∶1.2，怪不得昨晚付出租车费没有瑞士法郎，问司机可不可以用欧元付，司机十分兴奋地直喊Sure（当然可以）呢。

又把酒店给的房卡袋子翻了一遍，里面除了房卡、wifi密码条外，还有三张淡蓝色的卡片，上面画了一列公交车，还有不认识的文字。

茉妞给了齐克两个任务，拿着蓝卡去前台问一问，是不是公交一卡通，再问问哪里有银行可以兑换货币，得换瑞士法郎，要不可亏大了！

不出所料，三张小蓝片果然是类似国内的公交一卡通。“太好喽，省钱喽！”尼克跟着瞎开心。

三人兴冲冲地先步行去了附近的日内瓦自然历史博物馆，出来后就登上了8路汽车。

日内瓦自然历史博物馆

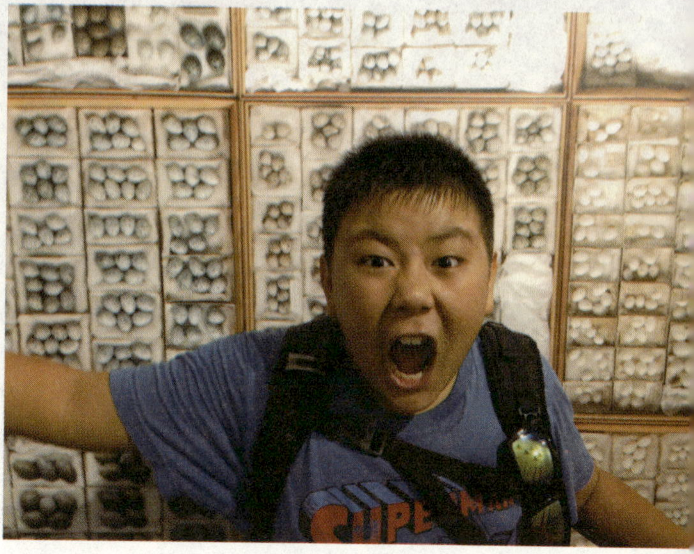

博物馆里的一面“蛋墙”

根本就没有人查票，车子宽敞舒适，人也不多。

日内瓦不大，很快就到了万国宫一带。下车一溜达，茉妞就看到左手边山坡上一座建筑顶上飘着红十字的旗，猜想是到了红十字会总部。对面就是联合国欧洲部的办公地点。再往前走一段，绿草荫中一座半身雕像引起三人注意，走近一看，是印度圣雄甘地。

为什么甘地的雕像会在这里？不知道。

甘地雕像身后，尼克发现草地上有许多成圈的蘑菇，顺着蘑菇往深处走，一处端庄的白色建筑出现在面前，门前有精致的喷

圣雄甘地像

阿里亚那博物馆

泉，造型似缩小版的日内瓦喷泉，一看门上的字，正是茉妞和齐克想看的阿里亚那博物馆。

尼克对这些不感兴趣，但是他饿了，齐克哄他进去吃午饭，尼克半信半疑地跟着进去。

博物馆的收藏主题是陶瓷，还是世界陶瓷学会驻地。建筑上有圆圆的穹顶，饰着淡淡的粉蓝色，有些优雅的纹理，柱子是淡黄色的，泛着瓷质的光芒，整个博物馆格调清新高雅。

三人观赏了藏品，在二层的大拱廊里用了午餐。尼克吃到风味独特的咖喱三明治，叫着是世界上最好吃的三明治。

万国宫自然不可不去。原是联合国本部驻地，后来成了联合国欧洲部的办公大楼。楼前飘扬着很多国家的国旗，最引人注目

精美的瓷器

的是一把几十米高的瘸腿椅子。这是一个独具匠心的设计，大胆而新奇。

万国宫门前是游人最集中的地方。三人远远地就看到一辆旅行大巴停下，好多中国同胞涌下来，在万国宫前那把三条腿的大椅子旁边拍照。

齐克一家不能免俗，自然也是以万国宫多国国旗和大椅子为背景，互相拍照留念。

再就是必去的日内瓦湖了。从日内瓦湖北岸坐黄色的旅游船，5分钟就到南岸，步行四五百米，就到了大喷泉。

大喷泉是地标性建筑，围湖四周全是各类游乐场，茉妞觉得有点儿像逛庙会，甚是无趣，匆匆观览后，就与尼克一起沉浸在饲喂湖中天鹅的活动中了。

日内瓦，匆匆驻足一天的城市。让茉妞一家感到无比温馨的是，所有的交通都是凭借那三张蓝色的交通卡，包括坐船。这种为外地游客提供的万能公交卡，在茉妞和齐克的经验中，是第一次。

阿里亚那博物馆、万国宫、日内瓦湖，三张城市的名片，连同那三张公交卡，淡淡地留在一家三口的相片上、记忆里。

断腿大椅子

阿里亚那的咖喱三明治

AUTHOR · 尼克

参观完日内瓦自然历史博物馆已经下午1：00了，我饿得马上就要变成一只疯狗，可是我们还有阿里亚那陶瓷博物馆没有参观，于是齐克决定带我去那里吃饭。

我们坐在二层的拱廊里，门外是日内瓦的湖光山色，头顶是阿丽亚那陶瓷博物馆淡蓝色的穹顶，俯瞰着一层低调奢华富有艺术内涵的大厅，风从阳台和门窗中吹进来，为我们献上清凉。

就在这个美丽的地方，我吃到了世界上最美味、最独特的三明治——咖喱三明治。

它深色的燕麦面包表面撒满了瓜子，夹着新鲜的西红柿、生菜和黄瓜，口味浓重的咖喱中裹挟着绵软的土豆和鲜嫩多汁的鸡肉，让三明治鲜香、浓厚皆备。一口咬下去，咖喱的咸香微辣在舌头上缓慢散开，柔和、丰富，并不刺激，尤其是咖喱中的菜和肉，以其各自的不同口感和硬度，中和了咖喱的黏软，增加了三明治的层次感。最为令人愉悦的是，它别出心裁的食材搭配令三明治这种西方简单的快餐，突破了单一的口感束缚，在食客的品味中，完成了一次完美的华丽转身！

酒足饭饱之后，我们开始了欧洲的陶瓷之旅。

美味的咖喱三明治

两个昆虫学家的国际长途

AUTHOR · 齐克

“尼克军团，报告你现在的方位！”

“报告北京总部，我现在在日内瓦，正向阿尔卑斯山北麓迂回前进！”

“尼克，你能不能去一下西班牙，抓一只西班牙蚂蚱？”

“对不起，司令，我已经离西班牙太远了，你为什么不早下命令？我不能走回头路！”

“尼克，你要有一点儿职业精神！我命令你现在马上出兵乌克兰，去抓一只乌克兰螳螂！”

“对不起，司令，我的任务是去阿尔卑斯山抓欧洲犀角甲虫，恕不从命！”

尼克与北京的“昆虫学家”王兆雄通电话，茉妞和齐克在旁边听得心惊肉跳。一边心疼昂贵的国际话费，一边认为他们的昆虫研究事业需要支持，同时又觉得他们控制全球昆虫界的口气实在可敬又可笑！

欧洲大陆比北京晚6个小时，尼克好几次都是没起床就接到王的电话，王可能是正准备吃午饭，估计他不与尼克聊一聊欧洲的昆虫形势，午饭都吃不下去！

王问得很仔细，从昆虫的饮食起居到交配时间，事无巨细，经常问得尼克张口结舌，无从回答。

王毕竟14岁了，是昆虫界的老手，六年级时，一篇关于螳螂的论文就得过国际大奖。尼克和王互为粉丝，互为听众。一旦他们谁有新发现，如果不能在第一时间告诉对方，他们就像憋着一泡小便那样坐立不安！

尼克在普罗旺斯抓到欧洲深山锹甲的时候，第一件事就是打国际长途告诉王，发微信，发短信，都显得不够重视。当时王没接，尼克焦躁不安，接着拨，直到通上话，把甲虫描述得详细到体无完肤才挂嘴。

尼克以为他抓到了梦寐以求的深山锹甲，但经王兆雄电话里鉴定，错了，那是一只欧洲大锹，没有欧洲深山锹甲名贵。要抓欧洲深山锹甲，非得到阿尔卑斯山腹地不行。

尼克盼望着，阿尔卑斯山就要到了。

尼克赶到日内瓦的时候将近凌晨1点，睡了三四小时，5点多的时候，王的电话就来了。聊了十几分钟，接着睡。

6个小时后，尼克来到日内瓦自然历史博物馆，正兴致勃勃地看各类昆虫标本，电话响了，一看，果然是王从北京打来的。又聊了七八分钟，尼克实在急于看标本，才说：“对不起，我手机要没电了！”

王肯定也用同样的方法挂过尼克的电话。

8月6日早晨6点，茉妞一家起了个大早赶往因特拉肯，一家三口正利用这段天色微明的时间补写日内瓦的见闻。齐克刚刚写下“两个昆虫学家的国际长途”这一行字，尼克的手机响了，三人会心一笑，果然是王兆雄。

尼克与王聊了六七分钟，茉妞和齐克竖着耳朵听见王在手机里说：“等你到了我再给你打！”尼克期待地说：“好吧！”

茉妞和齐克相视大笑，然后无言。

不知名的意式美食

AUTHOR · 尼克

结束了日内瓦一日游，回到宾馆，我们都有些饿了，便在宾馆附近找了一家看起来很不错的饭店。

我们看不懂瑞士语的菜谱，中年女服务员也不懂英文。菜谱里面有一页全是套餐，齐克决定随便点三个套餐。

可是我想吃带牛肉的菜，聪明绝顶的茉妞超级有办法，她对着服务员指指菜谱，又把两只手举在头两边，比了个角的模样，嘴里学道："哞……哞……"

噢，亲爱的老妈，你也太搞笑了！服务员笑得把头碰到了桌子上，笑够了说："Yes！"

菜一道道地上来了。首先是沙拉，生菜、豆芽等蔬菜，都很新鲜，不过他们用的是西式的白醋，我们有些吃不习惯。

主食上来了，我点的是一大块带骨的牛肉，配上面条。牛骨中的骨髓入口即化，肥而不腻。牛肉老而不柴，颇有嚼头。面条非常筋道，类似于中国的手擀面，淋上意式肉酱，酸咸适度，柔韧爽滑。

临走前，我们问了美食的名字，服务员说了一大串瑞士语，我们只听懂了一点儿，说这是意大利风格的食物。

就这样，我们吃了一顿不知名的意式美餐。

不知名的美食

欧洲之巅下的“批判会”

AUTHOR・茉妞

茉妞曾给齐克和尼克打过“预防针”，行程中有三天比较辛苦：一是从普罗旺斯到米兰，要坐一天火车；二是米兰到日内瓦，到达时间是半夜；三是去因特拉肯要早上5点多出发，到了就要上雪山。

茉妞清楚地记得，当时齐克带头拍胸脯表态，放心，绝对支持你、服从你、配合你！对他的表态，茉妞根本就没往心里去。

果然不出所料，从米兰到日内瓦转车间隙，齐克的抱怨就如开闸的洪水，一发不可收拾了。

当时转车的车站是Brig，中文译布里格，茉妮把它当成了Bern，伯尔尼，父子俩自从发现这个纰漏，就一直在嘲讽茉妞。

屋漏偏逢连阴雨，布里格的车晚点20分钟，晚上9点多的小站台冷冷清清，只有齐克一家三口站在那里，从电子屏幕上猜测出了火车晚点的信息。

这20分钟成了压死骆驼的最后一根稻草，齐克发作了：“你办事违背常识啊，旅行嘛，安全舒适最重要，有转乘的、太晚的

①瑞士小镇布里格
②布里格空空的站台，空空的车厢
③大清早，只有一家人乘坐的车厢，自己动手开车门

车次不应该预订！”

茱妞不与他争执。茱妞也很累，因为她每天负责三人行装清洁整理，总是睡得最晚，起得最早。只是作为行程制订者，不能自己先反对自己吧；再者，男人的耐性天生比女人差，所以她并不把齐克的抱怨放在心上。

再说，有了错，总得让人说啊，说什么她都应着，态度好得不得了：“对，您说得对，是我的错！”其实，齐克说啥她根本就没往心里去，只当它是一阵暴风雨，一会儿就完，不可能老刮老下，谁的能量都有限！

其实，在布里格的寂静站台上，茱妞看着抱怨的齐克，疲惫的尼克，最担心的是：少女峰之旅两人得成个啥样啊？可能齐克、尼克最担忧的是：后面的行程茱妞还给我们挖了什么坑呢？

日内瓦行程轻松结束后，爷儿俩起初还能以愉快的心情跟茱妞去赶早班火车，因为茱妞事先从酒店订好了外带早餐，早班一等车厢又只有他们三人，自己开车门上车，十分新鲜有趣，两人还挺满意。

可等到了因特拉肯，齐克和尼克才搞清楚，今天的主要行程是要马不停蹄地背着包（酒店不到入住时间）坐火车上雪山，上所谓的欧洲之巅“少女峰”看雪景。

体力已明显透支的他们有些崩溃了，秀美的景色已经调动不起他们萎靡的情绪，他们的脸色越来越难看，火气已经积压在胸，眼看就要爆发。

茱妞已经小心翼翼，可是她明显感到，局面已经无法控制。

换乘火车上山的人真多

突然，不知从哪儿来了那么多那么多的人，以至于两处上山的转乘站让茉妞恍然身处北京地铁的感觉。

还有山顶的冷！齐克一家三口最怕冷，而且茉妞和尼克还有了一点儿高原反应，头痛，胸口发闷，真是强扭的瓜不甜，三人匆忙到户外拍了几张照片就忙着乘车下山了。那照片上的表情啊，尤其是齐克，简直就像丢了魂或者得了脑炎后遗症。

雪山美景

等火车下到劳伦布劳恩站，他们的体力才见缓过来，齐克突然对尼克说：“5分钟，对你妈开批斗会！现在说完，就谁也不许再说了！”

茉妞自觉很划算，就用手在嘴上比了个拉拉锁的动作，又往耳朵里塞了两朵并不存在的棉花，然后一伸手，说，请吧！

尼克兴奋得小脸通红，跃跃欲试，齐克让他先说，他愣一愣，说：“爸，我不知道说什么，你先来！”

茉妞忍着笑听齐克开场，无外乎是日程安排不合理，超越体力极限，冰雪项目不是家庭爱好等，一点儿都没超出茉妞的预料。

齐克放完炮，把发言权转给尼克。这次尼克算是被他老爸领上了道，观点十分鲜明：“你安排上雪山，完全是要满足自己的虚荣心！回去好对别人讲，你登上了阿尔卑斯山，把欧洲踩在了脚下！”

尼克成功地把批判的层次提升了，从有形升到无形，从具体升到精神。齐克大受启发，又从心理学的角度，深挖茉妞阴暗的内心世界。大意是茉妞你只是徒有受过高等教育的外表，内心其实从众心理严重，而且爱占小便宜，觉得到了一个地方不“遛严”了就是吃亏！

茉妞一直看着窗外，她不看爷儿俩都知道，齐克现在一定正摇头晃脑，手指乱戳，口沫横飞，而尼克一定在满脸仰慕地看着爸爸，还在频频点头表示赞同和支持。

这时，窗外一幅美景震撼了茉妞，她随手就举起手机拍了一张

①少女峰顶
②崩溃的齐克
③瑞士山间景色

照片，尼克一声大喝：“看，你暴露了吧，根本都没有听，还在拍照！”

可怜的茉妞，只好同意给他们半分钟补停时间，被批满了5分半钟。

至于批判会后的情况嘛，当然是不出茉妞所料，父子俩的抱怨从未终止，当然了，这些抱怨半句也没钻进茉妞的耳朵里。

给上帝挖鼻孔

AUTHOR · 齐克

尼克来阿尔卑斯山的目的是寻找欧洲深山锹甲，而这种锹甲多数生活在朽木中，所以当尼克坐着火车看见山间的朽木时，大声喊着："朽木，可馋死我了！"尼克几次要下火车徒步去挖朽木，都被茉妞制止了，她说只要尼克和齐克陪她上山看看少女峰的白雪，她一定安排时间让尼克去挖朽木，抓欧洲深山锹甲。

上山，下山，往返4个多小时的时间，尼克、齐克跟随茉妞看过少女峰的积雪，尼克一路批判："这与冬天香山上的积雪有什么不同？！"

终于，茉妞满足地把齐克和尼克带到因特拉肯东站，她坐在河流边休憩，尼克在齐克的陪同下开始了他神圣的野外科学调查——挖朽木，抓锹甲！而这，齐克命名为"给上帝挖鼻孔"！

这一说法，源于瑞士人的一个比喻。瑞士人把图恩湖和布里泽湖称作上帝的双眼，一个蓝色的，一个绿色的。

其实，他们的比喻应该彻底一点儿、扩大一点儿。齐克认为，以因特拉肯为中心的区域，构成了上帝的脑门：两个湖是眼

捉虫之地，
远处是登山
的小火车

睛，白雪皑皑的少女峰是上帝的白发，起伏的山峦和沟壑就是上帝的抬头纹，处在两湖中间的因特拉肯是上帝的鼻子，阿尔卑斯山北麓的山脊是上帝的鼻梁，那些枯烂的朽木就如同上帝鼻孔里的毛发！

要想找到以朽木为家的欧洲深山锹甲，不就如同去上帝的鼻子里冒险，为上帝挖鼻孔吗？

齐克不懂生物学，更不懂被尼克和王兆雄看作稀世之宝的欧洲深山锹甲，只好按照尼克的要求，去朽木堆里寻找锹甲。

刚到一条小河边，他们就发现了一个朽木墩，尼克和齐克一起用脚踹开，哇，又是一只大锹，与在普罗旺斯抓到的那种一模一样。

不错，好的开始是成功的一半。他们继续前进。

没有工具，他们仍然用脚踹。发现枯烂的树墩，被微生物钻了好多洞，踹开一看，多数是蚂蚁的洞穴。偶尔有几只蛞蝓，还有花金龟和令人恶心的潮虫，没看见一只深山锹甲。

有些树墩太硬，踹得尼克和齐克的脚疼，再遇见硬的就不惹了，找烂透的踹。

尼克捡到一根登山杖，尖尖的金属头，往树墩里一插就能穿透，很得劲儿。

树诱昆虫，
没有收获，
好沮丧

齐克捡了一条粗粗的木棍当铁锹用，把一堆堆的朽木挖开。

他们从一个山脚开始，往上挖了数百米，挖了几十个树墩，掘开了一个又一个蚂蚁窝，翻出一只又一只深棕色的、全身黏腻的蛞蝓，可就是没见一只深山锹甲。

尼克还提前准备了诱饵——香蕉，说是把香蕉的果肉抹在树杈或树根上，可以把锹甲吸引过来。

上山时尼克在河边的两个树杈上抹了香蕉，一个多小时后，他们从山上下来的时候，在香蕉周围只看见了一些蚂蚁，还是没见到深山锹甲的影子！

尼克失望极了，齐克开始怀疑尼克和王兆雄的理论错误。他们说欧洲深山锹甲生活在朽木堆里，为什么不见它们的影子？它们是不是还有别的寄居地?

第二天上午，他们坐火车离开因特拉肯以前，特意绕到小河边，又看了看那两块香蕉，还在树杈上，周围除了蚂蚁，依然没看见深山锹甲。

尼克很是不爽，悻悻地离开因特拉肯。

好在又抓到了一只大锹，加上在普罗旺斯抓到的那只，两只大锹在手，足够他在火车上吸引小朋友的目光，也足够回北京向王兆雄炫耀了！

尼克在上帝的鼻孔中收获差强人意，茉妞对少女峰也不太满意，因为上山的过程中，它让茉妞产生了高山反应，头疼恶心！好在半山腰以下的湖光山色让她满意，甚至沉醉，于是她同意了尼克和齐克的观点：因特拉肯的景色，对于他们家，只适合到半山腰！

小镇文根

其实，在齐克看来，跟中国的广西、云南、西藏比起来，瑞士的山水除了污染比中国少，其他乏善可陈，最多算个小家碧玉。可是这里也有让齐克特别震撼的地方，他发现在离因特拉肯不远，有个镇子叫文根（Wengen），任何语言都发这个音，翻译成中文的意思是文学之根！太不可思议了，学了40多年文学，在这里找到了“文根”，太值得庆贺了！

不止于此，还有更惊人的发现。

第二天，当茉妞一家坐上火车，欣赏苏黎世湖的美景时，齐克又发现了一个让全世界的男人都会感到振奋的地方：德国东部小镇，它的名字竟然叫Wangen——旺根！

无人对抗的“欧洲步”

AUTHOR · 齐克

瑞士，因特拉肯，阿尔卑斯山北麓，在一个破落的山脚运动场里，在一个乱木堆中，尼克竟然发现了一个橘红色的篮球！

篮球静静地卧在那里，不知被人冷落了多久，它又像是刻意停留在那个地方，等待与尼克相会！

尼克看见闪闪发光的篮球，如同卓别林在杂物里发现闪闪发光的靴子！

尼克来欧洲前有一个巨大的愿望，想跟欧洲的同龄人过过招，想看看时髦的篮球术语“欧洲步”在欧洲人脚下是什么样子。可是一路下来，尼克非常失望。在伦敦没找到篮球场，在巴黎只投了几次篮，在普罗旺斯和米兰也没看到篮球的影子。

在日内瓦，倒是找到了一个儿童篮球场，篮板上贴着广告，没有人打球，尼克拿矿泉水瓶子当篮球过了过瘾！

就在尼克几乎对欧洲篮球完全失望的时候，在阿尔卑斯山脚下，它出现了！

尼克一把抱住篮球，使劲按了按它的肚子，半鼓的，在地上拍了拍，弹不起来。

齐克说："有篮球就会有篮球架！"

果然，在几十米外的一个破旧的网球场边上，站着一个"金鸡独立"的篮球场——就是一根木棍顶着一个篮板和篮筐，篮板比标准篮板小一半！这是适合家庭院落里的篮球架，讲实用性，连中国山区学校里的木板篮球架都不如！

尼克求助于宾馆的老板，一个黑人哥们儿用给自行车打气的气棒把篮球的肚子吹鼓了。尼克和齐克换上篮球服，冲向了金鸡独立的篮板！

篮球架贴着网球场，用的是网球场的场地。网球场里有两对白人情侣在打网球，水平臭极了。有时网球和篮球会打架，还

因特拉肯雪山下打篮球

好，双方都比较体谅，没发生冲突。尼克曾经被一个网球射中屁股，疼得他嗷嗷叫了两声，继续打篮球了。

没有对手，尼克打得很起劲。齐克陪练，主要任务是捡球。球常常滚落到旁边的草丛里，费好大劲才能捡回来。茉妞是唯一的拉拉队员兼摄影师。拍了几张照片，逼着尼克和齐克做了个姿势，实在受不了蚊子的围攻，先回宾馆了。

天就要黑了，却出现了两个白人男孩。他们应该是来度假的，就住在旁边的宾馆。可能是闲极无聊，听见拍打篮球的声音，出来凑个热闹。从他们随意的衣着可以看出自由自在的天性。高个子哥哥竟然光着脚——他可不是穿不起鞋！矮个子弟弟只有八九岁，两手插在裤兜里，像个小绅士。

尼克很友好地把球扔给他们，而且盼望他们是高手，最好会跑欧洲步，能相互较量一下。可他们一出手尼克就完全失望了，他们压根就不会打！

尼克又很忍耐地陪他们打了十几分钟，天已黑定，实在看不见了，只好收工。

尼克把篮球放回乱木堆，最后按了按，球还鼓鼓的、硬硬的。

齐克一直陪着儿子，他对篮球略知一二。他知道那是一个质量很差的橡皮篮球，比中国山区学校里的篮球都不如。

欧洲的篮球其实很强，欧洲的篮球场也很多，只是不在尼克的旅游范围内。

尼克可能会长时间对一个问题感到困惑：欧洲的篮球场这么少，装备这么差，欧洲人怎么发明的欧洲步呀？

依依不舍的篮球

AUTHOR·茉妞

因特拉肯山间的夜晚十分安静。疲惫的一家人饱饱睡了一觉，早上8点半才起床，到楼下早餐厅吃完饭，茉妞泡了一杯薄荷茶，清甜爽口，她想好好享受这山间的美好时光。

尼克不同，他以最快的速度吃完早餐，一抹嘴说，我再去打会儿篮球。

茉妞指派齐克陪他去，主要目的是让他掌握时间。茉妞查过门前的公交运行时间表，他们要乘坐10：02的公交车去火车站，今天要前往奥地利了。

茉妞享用了两杯茶，起身回房间收拾行装。

三个人的东西收拾整齐用了20分钟，父子俩回来了。

茉妞刚要表扬他们时间掌握得不错，一抬头，看见兴冲冲的尼克抱着昨天打过的那个旧篮球，齐克跟在身后，脸上带着点儿隐隐的惭愧表情，正怯怯地要说点儿什么。

茉妞一下子就明白了是怎么回事，不容他们开口，就生气地问：“怎么还把球拿回来了？”尼克还在兴头上，根本就没看明

HOTEL
Schweizer Geschichte erleben.
TELL SPIELE
INTERLAKEN
清晨，因特拉肯小酒店

白风向，开心地说：“我们准备把球带到奥地利去玩！”

“你们给我放回去！想让人怎么看咱们中国人！”茉妞吼上了。

尼克呆住了，齐克十分没有立场，无耻地对尼克说：“你看，你看，我说不能拿吧！我说你妈不同意吧！”

“那你还让他拿回来！你俩给我放回去！”

齐克可不习惯站着干挨训，他是个无理都得搅三分的人，虚张声势地提高了调门狡辩：“你行了啊，知道把他叫回来多难吧，不拿球不走。放回去时间也不够了，我们准备就把球放在酒店花园里，谁爱玩谁玩。”说完就溜进洗手间里去了。

孤单等待的篮球和球板

茉妞看看表，还有20分钟，于是放柔声音对吓呆了的尼克说："你放回去好了，还有20分钟，速去速回，人家的球，怎么能拿走呢？"

尼克低头不语，一会儿把球放在桌子上，掏出手机，拍了个破皮球的特写照片，然后一溜烟地抱着球跑出去了。

十几分钟他才回来，茉妞问："怎么这么久？"没等尼克回答，齐克就自作聪明地说："我猜你肯定又去玩了一会儿！"

尼克摇摇头，说："我没有玩，但是我确实是到球场上去了，去给球场拍了几张照片作留念！"

孩子这样一讲，真令人伤感！那个篮球现在一定继续寂寞地待在那片与尼克初逢的草地上，等待着与下一个和尼克一样爱打篮球的人相遇。

再见因特拉肯

茉妞瑞士感悟：路上更要修身律己

01

瑞士雪山虽然有名气，怕冷的人就不要凑热闹了！

02

在行程中，决策者要允许正常的批评和善意的嘲弄，但批评者不能老叨叨叨！

03

旅行中的新鲜事物很多，孩子是理所应当的第一个尝试者，比如，让他去开火车门。

04

旅行中更要讲规矩，有损中国人形象的事情绝不能做。

05

看到你喜欢的风景不妨停下来欣赏个够，下个景点说不定不适合你。

06

大隐隐于市。其实，旅途上最美的风景往往存在于和当地人的交流中，那是一种永远的记忆。

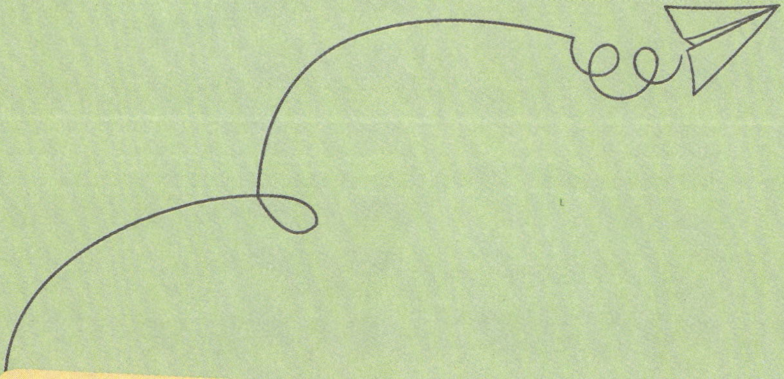

8月8日：萨尔茨堡游

萨尔茨堡自然历史博物馆、莫扎特故居、萨尔茨堡要塞、米拉贝尔花园，晚间乘车去维也纳。

8月9日：维也纳游

游览老城区、长达700年的哈布斯堡驻地及皇帝的冬宫——霍夫堡皇宫、贝多芬纪念馆。

8月10日：回北京喽

正面朝上，插入票口

Chapter 6

European Travel

奥地利音乐之旅

学会闭嘴，是一种修行

AUTHOR · 茉妞

萨尔茨堡，汉语的意思是盐堡，一个小小的城市，傍山而建，萨尔察赫河穿城而过，是大音乐家莫扎特的故乡。

一家人抵达这里已是晚上8点，打车前往酒店，司机是个爱说笑的黑人。一上车，齐克就问道："我有一个问题，你在这儿住多久了？"

司机："10年。"

"萨尔茨堡是不是个小城？"

"对。"

"那你对这儿的一切都很熟悉了？"

"对。"

这时，绕了一圈的齐克切入正题："那你一定知道哪里有可以打篮球的地方！"

司机乐了一下，告诉他，在萨尔茨堡，没有篮球场！

然后，司机问了齐克一个问题："你是不是在电视台工作？"

齐克不解地问他怎么知道，司机说："我看你提问的方式就知道你是个记者啊！"

哈哈，太神了！全家人跟着司机一起大笑起来。

萨尔茨堡的行程，就在这笑声中开始了。

城小，去哪里都可以走着去，于是一家人在齐克带领下，先去寻访莫扎特的踪迹，然后去自然历史博物馆。

出门前，茉妞已用手机地图进行了定位，齐克在前边带路，她在后面跟着用手机地图检查，就像在北京的家中，齐克偶尔洗碗，她会悄悄去厨房查漏补缺一样。

其实，这是齐克和尼克最讨厌她的一点，茉妞也知道他们最讨厌她对两人的不信任，可是，有时候人要克制自己，是很难的！

终于，战争爆发了。

宁静的萨尔茨堡

快到自然博物馆了，没有明确的路标，于是齐克去向一位女士问路，女士和善地指着路边一处建筑说，就是那儿。

齐克带领尼克走过去，往门口一看，是个商店，其实再往前一点儿就是入口了，但茉妞相信了电子地图，觉得门是在另一条街上开的，于是她以一种高高在上、不容置疑的口气叫他俩跟自己走。齐克还想坚持一下，但尼克无条件地相信万能的妈妈，把爸爸也生生地拖过去了。

茉妞带着他俩，跟着电子地图瞎绕了半个小时，又回到了齐克刚才找到的商店门口，而往前三米，就是博物馆的入口！

如果不是茉妞叫他们，半小时前，他们就应该已经找到了。

齐克大怒："说好了，是我领队的！"

茉妞自知理亏，自觉地在嘴上拉上拉锁，用手指往耳朵里塞上并不存在的棉花，说，请讲吧！

齐克又气又笑，也不好在大庭广众之下发作，茉妞趁机拉着尼克开溜了。之后的行程中她一直十分乖巧，再不敢瞎指挥。电子地图坑死人啊。

由于瞎绕了半小时，以致后面的安排略显匆忙。一路上，齐克以"如果不是你耽误了时间，我们早就已经……"这个句式造了不下5个句子。

茉妞这次可长了教训，在心中第一万次地对自己默念："爱家人，为他们做事并不难，难的是相信他们做事！"

闭嘴不言，相信并跟随，也是一种修行！

莫扎特，你为什么不是我儿子

AUTHOR · 齐克

尼克要来奥地利拜谒莫扎特，听音乐会，远出乎茉妞和齐克的预料。

虽然茉妞怀尼克时也像世界上许多国家的父母一样，用莫扎特的音乐进行过胎教，可是由于夫妻俩都不懂音乐，连简谱和五线谱都不会，所以从未想过把儿子与音乐扯上关系。只是出于盲目地跟风，才买了张莫扎特的光盘，茉妞孕期赖床的时候偶尔听一听，谈不上什么有计划的胎教。

那么尼克为什么会迷上音乐，喜欢上莫扎特？茉妞和齐克为什么能容忍他这种奢侈的要求呢？

尼克喜欢音乐是从吹小号开始的，而吹小号对他来说完全是个意外。

茉妞说

为了看看莫扎特，不惜从亚洲跑到欧洲，这就是梦想的力量。

三年级的时候，北京育英学校乐队到各班选小号手，唯一的测试手段就是让学生吹一口气。尼克那时已经入选校游泳队，很不愿意参加任何别的活动，再说他也不知道小号为何物，不想尝试。他把脑袋埋到桌子底下，想躲过测试。可音乐老师挨个“过堂”，其他同学一般一口气吹十几秒，多的也就20几秒，可轮到尼克，没太用劲，一口气吹了将近40秒！最后全班只选了一个练小号的，就是尼克!

茉妞可能也担心尼克不是吹小号的料，一开始干脆连小号都没给他买，只买了个号嘴，心想要是练几天就放弃，最多赔个几10块钱的号嘴钱!

没想到这却成全了尼克的音乐爱好。没有小号，只能练号嘴，这恰恰符合专业学习小号的规律。这是茉妞后来才知道的。

第一周练下来，尼克不但没放弃，反而由于练号嘴的时间长，成为新学员里嘴部基本功最好的。

无知有时候也会成全一些特长，世界上不是什么事都能讲出道理的。

就这样，尼克开始吹小号，学会了五线谱，成为学校管乐团的主力号手之一，在北京市的团体音乐比赛中多次获奖。

10岁时，他描写乐团生活的文章《哪儿来的牛肉声部》在《北京晚报》发表。暑假参加了小号五级考试，尼克自己说监考老师对他评价不错。

这些成绩，要是跟3岁弹钢琴、5岁作曲、20多岁还喜欢对王公贵族脱裤露屁股的莫扎特相比，算得了什么？没有什么可比性。

的确，一个初懂音乐的东方小学生跟世界音乐奇才又有什么关系呢？

然而，茉妞和齐克却对尼克这个爱好非常支持。既不要求他进专业团体，也不要求他以后高考时靠小号加分，只要他喜欢就学。

茉妞偶尔会开个玩笑，说以后追求女孩的时候，能吹首曲子，吹开女孩爱情的心扉，就满足了！

莫扎特出生地，当地人叫它“黄房子”

尼克似乎不满足于这样的玩笑，他还要继续考级，还要进金帆乐团。他提出来拜谒莫扎特故居，到维也纳听音乐会，也就不算超前消费了。

更何况，茉妞和齐克也可以用陪儿子的名义补上一堂音乐课，有何不好?

至于尼克与莫扎特的差距，茉妞和齐克都没有看到，就当不存在，反正莫扎特也不是他们的儿子!

当然，如果莫扎特真是他们的儿子——换个说法，就是尼克果真具备莫扎特的天才，想干莫扎特干的事，他们也不会反对。那得看尼克自己的意愿，他们绝不会逼迫。

你好，扎哥

AUTHOR · 尼克

萨尔茨堡，音乐奇才莫扎特的故乡，整座城市都沐浴在他的荣誉和光环中。

刚到奥地利时，我并没有看到太多关于莫扎特的东西。但是一出萨尔茨堡火车站我发现，好像任何东西都能以莫扎特命名：莫扎特桥、莫扎特酒店、莫扎特广场，甚至巧克力的外包装上都印着莫扎特的头像。看来莫扎特不仅是音乐奇才，也是很多品牌的代言人啊！

我们来到莫扎特的出生地纪念馆，我把他称为“扎哥”，称为“莫哥”，中国人可能会误以为是莫言。我在他纪念馆里看到一幅油画，他正在对一群听众露出屁股！霸气，我怎么不敢露呢？

茉妞说

人们对某一个地方的向往不知道是从什么时候开始的，也许是一本书或者一部电影，甚至别人的一句话。寻踪而来，迷踪而去，这是多数旅行者的经验。

后来我才知道，亲爱的“扎哥”一直都很讨厌故乡萨尔茨堡，可他死后却成了萨尔茨堡赚钱的最重要手段。

莫扎特广场

萨尔茨堡的阳光好灼人

AUTHOR·齐克

尼克登上萨尔茨堡要塞的最高峰，没有随齐克和茉妞俯瞰萨尔察赫河两岸的景色，而是坐在要塞顶端的木架下，躲避灼热的阳光。

这是一个儿童的狡黠，也反映出尼克的一种脆弱、惧怕困难的心理：宁可放弃美景，也不能让身体受委屈。

齐克自然发现了尼克的行为，有些不高兴，但没有责备，还抓拍了一张尼克坐在木架下乘凉的照片。

萨尔茨堡的阳光的确太强了，与欧洲的许多城市一样，阳光下和阴影里的温差能达到十几度，体感的差别异常强烈。

茉妞一家到达萨尔茨堡的当天夜里下了点儿小雨，第二天一早，阳光明媚，天空一尘不染，一丝云彩都没有，阳光更加强烈了。

尼克走到粮食胡同去看莫扎特的出生地时，阳光毫不客气地透过教堂和古建筑的缝隙洒在步行街上。

200多年前的某个上午，莫扎特肯定也曾顶着烈日从这条街巷走过，与他的姐姐一起跑到萨尔茨堡要塞的山顶，聆听教堂的钟声，俯瞰萨尔察赫河里来往穿梭的船只和南北两岸急速行驶的马车。

可能莫扎特也曾藏到木架下，或者古堡里某个幽闭的房间中，一则躲避灼人的阳光，二则躲避父亲给他排定的无休无止的钢琴课。

灼人的阳光，并没有因为穿越历史而变得温柔，儿童趋利避害的本能，让父母觉得他们可爱，但如果不加控制，就会变成懒惰、逃避和软弱，最终形成巨大的性格缺陷。

接下来的行程中，齐克又发现了尼克的这种行为，终于对尼克发飙了。

齐克设计了一组照片，拍一家三口的背影，需要先找好背景和机位，还要选择好取景的角度、景别的大小，委托行人帮助拍摄。

在卡布钦山脚下的一条步行街上，视线穿过街道两边的建筑，可以看到远处一个教堂的塔尖。这是齐克很喜欢的背景，他让茉妞和尼克先在阳光下站好，他选景别和角度。

站了几秒钟，尼克不干了："老爸，你先选，我去凉快一下，选好了再叫我站过来！"

说着就往阴凉地里躲。

齐克在萨尔茨堡山顶就压抑着的怒火顿时爆发了："你老实站着，不许动！你怎么就那么怕热？"

面对齐克突如其来的暴怒，再加上茉妞的圆场和安慰，尼克有点儿害怕，屈服了，认真配合齐克完成了那次拍摄。

①从要塞俯瞰全城

②我躲起来凉快会儿

③挨训后完成的拍摄

齐克很认真、很严厉地批评了尼克，同时强调尼克的配合对拍摄的重要性。还好，在接下来的几天里，尼克没有再犯类似的错误。

在尼克的童年记忆里，也许萨尔茨堡的阳光只是一闪而过，但齐克希望阳光留下的那一份灼痛感能永远刺激尼克的皮肤甚至灵魂！

跟我捉迷藏的欧洲大锹

AUTHOR · 尼克

在普罗旺斯，我抓到了欧洲的第一只锹甲，当时我还以为那是一只欧洲深山锹甲。不过在之后的一段时间里，我越来越觉得它是一只大锹属的昆虫。请教了一下王兆雄，他告诉我那的确是一只欧洲大锹。

到因特拉肯，在我们踹开的第一块朽木，我看到一个黑色的东西钻进一个洞里，我把朽木撬开，又是一只欧洲大锹！

这只大锹比我在普罗旺斯抓到的那只大锹要瘦一些，也要长一些，牙也更大更锋利，非常活跃。

我把它们带到萨尔茨堡，发生了一件很有趣的事。

早上10点，我们办了退房，把行李——三个背包存在酒店，轻装上阵，开始了萨尔茨堡一日游。

回到宾馆取行李的时候，我发现放在背包边袋里装锹甲的盒子倒了，盖子微微打开了一条缝，我赶紧检查锹甲有没有跑掉，结果真的跑了一只！

我到处找也没找到。

这时已经该去赶火车了，我只好失望地告别宾馆，坐上去火车站的出租车。

我们来到火车站附近一家快餐店吃饭，我和妈妈点菜的时候，她习惯性地搂了一下我的背，拍一下我的屁股，觉得手有点儿扎得慌，以为是粘了一块口香糖，扯下来一看，居然是那只锹甲！

我想它可能是躲在我的背包下面，然后爬到了我的屁股上。不管怎样，这只锹甲终于失而复得了！

失而复得的大锹

六乘欧铁，不靠谱

AUTHOR · 茉妞

终于，今天要用掉茉妞预订的最后一张座位票了。茉妞心中轻松了好多，城际周转，人地两生，一家三口，责任可不小啊。

可是在苏黎世站一看显示屏，茉妞预订的RJ567并无显示，同一时间点的是RJ167，还晚点半小时！

只好去问询处咨询，工作人员用电脑一查，说："9站台！"

三人来到9站台，停着一辆车，显示的是IC741，倒是也可去往维也纳。这也太怪了吧？如果乘坐这一趟，要不要改签，要不要补票？

正好从车上下来一位工作人员，茉妞拿着票去问，列车员很友好地告诉她这不是她要乘的那辆车，你乘坐的是567次，在4站台，晚点半小时。

茉妞又指着旁边的显示屏问，那怎么没有567次呢？列车员指着167次说，就是这一列车，晚点了。

茉妞大为不解，明明两个车次，为什么说是一列车呢。列车员费力地解释了半天，茉妞听了个半懂，大概是说两辆车并为一辆车，是辆大火车。

齐克很聪明，他问列车员："那我们可不可以乘坐这列火车？"列车员问："你们有欧铁通票吧？"茉妞忙给他看，列车员开心地说："当然可以，请上车吧！"

齐克对欧铁的不靠谱大为光火，三人又商量着是不是要找列车长改签，但是管他呢，三人都只想坐下来休息，就直接上了一等车厢。

车子开动，检票的人挎着个小包过来了，先给每人发一包小点心，然后查票，茉妞把通票和预订的座位票准备好，大脑以每分钟800转的速度高速组织着语言，准备解释他们怎样订了567的一等座，但是567也就是167晚点了，所以上了这辆车……但是，列车员只是接过通票看了一眼，便十分满意而真诚地说了一句"thank you（谢谢）"，没事了！

尼克本来还挺担心的，看到这样，不敢相信地问妈妈："这就完了？"

这时茉妞才第一次认真地看了看自己的通票，还有通票使用说明，她没有找到跟这个班次有关的解释，却发现了一个让她悔断肠子的错误！

在通票上标有"一等车厢"几个字，这就是说，凭着这张一等车的通票，她本可以不订座位号就可以坐一等车厢的，欧洲不像中国，人那么多，不订座位可能就没有座。欧洲许多车次的一等车厢几乎都是空着的，持一等车厢的通票，直接上车，在一等车厢里随便坐。难怪有几次他们坐一等车厢连座位号都没有呢！

为了预订座位号，茉妞多花了近4000元人民币的车票费。可是直到最后一次乘欧铁，她才搞明白，追悔莫及，白白的浪费，悔得心肝肺都疼了！

座位上附了当次列车的行车时刻表，茉妞无聊，就仔细研究了一番，发现RJ167和RJ567是两列从不同城市开往维也纳的列车，它们从FELDKRICH站开始，后面的行驶路线和时间就完全一致了，所以两趟列车开始并为一趟。

可这些，火车站没有人解释，列车上没有人解释，车站提供的信息完全不靠谱。不知道欧洲当地人能不能明白，反正茉妞一家稀里糊涂地坐上了车，也稀里糊涂地到达了维也纳。

按说，这就够了，可茉妞一定想刨根问底，弄个明白。

茉妞把这个推断讲给齐克和尼克听，还说到酒店要进一步查证一下。齐克大为不屑，说："有些问题你永远搞不清楚，只要能到达目的地就行了。"

茉妞对他更不屑，虽说茉妞行走欧洲基本靠猜测，沟通交流基本靠比画，但也得时刻注意学习提高啊，争取下次来欧洲可以明明白白乘欧铁！

诡异的密码盒

AUTHOR · 茉妞

维也纳，想象中美丽辉煌的音乐之城，一家人欧洲之行的最后一站。

照例，从车站打车到酒店。

为了丰富见闻，茉妞此番行程订的酒店范围十分宽泛，从星级酒店到经济连锁型旅馆，从乡村家庭酒店到普通家庭公寓，都有。

按茉妞的想法，欧洲的家庭公寓应该是城市里的家庭酒店，房东在同一座楼上住着，把其中的一间公寓临时出租给住客。

维也纳的酒店，就是家庭公寓。

到了，热情的出租车司机留下名片，希望我们去机场时还联系他。然后，齐克带领大家站在了一座古老建筑的大木门前。

门高高的，暗红色，斑驳的色彩显示着年代的久远，但厚重的石墙、窗台上细致的花雕，又诉说着它往日的光辉。

不知为何，一看到那扇紧闭的木门，茉妞一下子就联想到米兰的住宿过程，头不禁“嗡”的一下。现在已经晚上10点了，会不会今天还要换地方，会不会房东根本就不会出现，会不会一直站在门前等房东？最好的情况，就是希望房东也住在这栋楼里，给我们开门……

惴惴不安中，看到墙上有一块牌子，写着贺迈恩公寓，还有联系电话。

齐克拨通了电话，那一头传来一个颤巍巍的声音，听上去很慢，很老，70岁？80岁？谁知道呢。

尼克在西式快餐的填充下，像个好斗的小公鸡，精神兴奋又活跃，在齐克身边不安地转来转去，急于参与到问题的解决过程中。尤其是因为在从苏黎世到萨尔茨堡时，指示牌上没有显示车次，是他通过火车票上的一个RJ标志连排除带猜测地找到了所乘车次的正确站台，大大激发了他的自信心，也鼓起了他解决突发问题的热情。似乎在父母常识之外的问题面前，三个人的能力拉平了。

老太太开始在电话里指导齐克进屋的步骤，尼克积极要求做副手，进行执行。

老太太要他们找门边一个标有4号的小盒子，把一个挡板按下去，露出一个密码锁，然后按照老太太的指令，一个个数字报出来，4个数字组成一个号码。

按照茉妞和齐克的经验，既然是密码，输入之后，门自然就会有信号显示开启。

齐克手持电话，把数字一个

公寓外的密码盒

个报给尼克，尼克把数字一个个排好，可是厚厚的大门没有任何反应，推一推，也纹丝不动。

齐克和茉妞又轮番上阵，对着密码盒折腾了半天，还是不行。一家人各背着一个沉沉的双肩包站在古老安静的街头，不见一个人影，真是绝望。

尼克头上全是汗，小脸通红，表情兴奋地说："让我来，让我来！"从爸爸妈妈中间挤过去，再一次按下密码，小家伙灵光一现，用力把整个盒子往下一拽，密码盒打开了，原来里面躺着一把样式极其古老的黄铜钥匙！

原来，这密码盒并非北京居民楼前那样的智能门禁，一按密码门就开了，而仅仅、仅仅是一个功能单一的密码盒子，挂在门外，放钥匙用的。

那么，如果说当地人都知道这个规律，在这空旷无人的街道上，这个薄薄的铁皮盒子能挡得住谁呢？

不想那么多了，终于拿到了钥匙，全家人可以去睡觉了！更重要的是，尼克觉得解救全家于水火之中，自信心空前高涨，得意了很久。

难为了我们半天的古老密码

齐克后来在火车上这样评价了密码盒事件：面对未知世界，当父母都束手无策时，尼克你可以自己找到通往未来的钥匙！

说得真好，茉妞深受感动，但尼克并不领情，只是老老实实地丢下一句话："爸，太深奥，我不懂！"

神秘的房东

AUTHOR·茉妞

贺迈恩公寓是一座五层的老建筑，在维也纳多瑙河运河的边上，步行15分钟可以到霍夫堡皇宫，位置十分优越，也可见当年拥有者的财力地位。

但它现在已不比往昔了，被分成一个一个小公寓，出租给前来维也纳旅行的形形色色的过客。

齐克一家住的这间公寓有个名字，叫苏菲的公寓，里面有一个门厅、一个大厅、两间卧室、两个洗手间，还带有一个小厨房。布置得很精致，挂了几幅美丽的油画，表达了房东的审美趣味。

但它毕竟是老房子了，那古老的密码盒、斑驳的红木门、古老的黄铜钥匙、高而狭长的楼梯间……

房东极神秘，除了电话指导开门外，与房客再无交集。但她在屋里留下了塑封的欢迎信和公寓指南，措辞准确而优雅，署名是桑佳和菲利浦，应该是一对老夫妻吧？还预备了欢迎房客的大盒橙汁、苏打水、果酱和巧克力。

贺迈恩公寓外观

茉妞猜，这个桑佳一定不喜欢与人见面交流，所以一切交易均在网上进行，来时让房客从密码盒取钥匙，走时请房客将钥匙留在房间内的桌子上。当然，也许是因为她太老了，已经不方便与人交流，因为那晚当齐克打不开密码盒时，她曾经抱歉地说“我别的什么也不能为你们做……”当时听她的口气，是真诚的，并没有推卸责任的意思，就是身体不行，干不了什么事情了，也不便透露住在什么地方。

她没有后人吗？他们不跟她住在一起吗？即使没有后人，她不能委托别人打理房产吗？这么大的年纪，还亲自处理租赁事务，太为难她老人家了——如果电话里听到的是她的真实声音的话！

但老人不反感与住客有文字上的交流，在客厅里，她放了一本留言本，上面写满了来自各个国家的住客给她的留言，基本上都是对房间的赞美，对她的感谢之辞。

茉妞对房间感到满意，因为有洗衣设备；尼克也满意，因为他一路上终于有了自己的单独房间；齐克谈不上满意，但竟未批判，因为他遇到了超出自己经验范围的事情。

房东一直没有出现。直到他们离开，房东一直是神秘的。在茉妞一家的记忆中，只留下电话里那个苍老的声音。

人呢，维也纳的人呢

AUTHOR · 茉妞

维也纳的家庭公寓里没有早餐，茉妞一家也没有提前准备。于是，第二天一早，他们全家9点多出门，第一目标是找地方吃早餐。

城市真安静。

整洁的街道上几乎无人，少数的几个行人，都是与茉妞、齐克一样手拿地图、满脸疑惑的外乡人。偶有电车驶过，几乎空着，电车停下，一共下来4个老人，其中一个还是要借助一种复杂设备才能缓缓独行的老人。

但是维也纳的老人们很热情，给齐克他们找到一个吃早餐的咖啡馆，里面坐着的客人，除了一家美国游客外，散落着的只有五六个白发老者，偌大的餐厅里只有一个女服务员和一个男厨师。

接下来的游览中，一家人见到的当地人也以老人居多，大都老

茉妞说

孩子也可以绅士般地与老板娘开开玩笑，也可以讲讲价钱噢。男孩的幽默感就是这样一点点养成的。

而富足，安静地生活在这样一座安静老去的城市里。

街上的行人中，问路的人比指路的人还要多，想找一个当地人问路，很难。而人比较多的地方，也似乎都是外地人，本地人少而又少。

人呢，维也纳的人呢？

晚上9点多，在贺迈恩公寓周围，开门营业的餐馆已经很少。

桑佳和菲利浦公寓的对面有一家“孔夫子”中国餐厅，是附近唯一一家晚上还在经营晚餐的饭馆。

茉妞一家在那里就餐。老板娘是个中国人，提供汤汤水水的中国菜，还能随意讲中文，这激发了尼克说话聊天的愿望。

他跟老板娘热络地讨论维也纳见闻，说：“维也纳人，早饭吃到午饭，午饭吃到晚饭，晚饭吃到夜宵！”

老板娘觉得好笑，拍他肩膀一下，说：“怎么这样讲！”

尼克得意地说：“不是我讲的噢，是贝多芬对你们维也纳人的评价。我看呀，你这家店就是这城里最能干的店了！”

老板娘心花怒放，尼克趁热打铁要了一杯自来水，结账时不忘问一句：“自来水应该是免费的吧？”

老板娘说：“对别人是要收费的，对你嘛，就免费喽！”

出了“孔夫子”，晚上9点的街道已行人稀少，一座座老建筑大门紧闭，一扇扇窗子乌黑，偶尔有一两扇亮灯的，也只透过厚厚的窗帘散出一些柔柔的光来。

茉妞总觉得有一扇窗子后面，闪烁着桑佳和菲利浦慈祥的目光，他们一定很想看看街道上幽暗的灯光中那些怀着好奇的心理来到维也纳的每一个人。

滑稽的维也纳方孔篮板

AUTHOR · 齐克

维也纳的清晨，齐克走出贺迈恩公寓，沿着多瑙河北岸行走。天空湛蓝，金黄的阳光从背后洒在河边草地上，预示着维也纳之旅将会比较顺利。

就在多瑙河北岸，一个微型篮球场吸引了齐克的注意，他走进去细看，的确是一个篮球场，但它的样子是前所未见的。

篮板由几十根长条铁片横竖交织而成，织出了上百个方孔，乍一看像是透明的；篮网是铁链做的，形状与普通篮网没有区别，却比普通篮网耐用几百倍，不用经常更换，颜色与篮板一致，都是灰色的。篮板比标准的小很多，支撑篮板的是一根铁柱子，看起来异常坚固。虽然也是金鸡独立，但比因特拉肯的“木制金鸡”牢固多了！

这样的篮板竟然有两个，相距10多米，相向而立，组成一个完整的篮球场，还画了完整的罚球线、3秒钟区和3分线，可是整个篮球场只有标准篮球场的四分之一大小。

对于打了30多年篮球的齐克来说，它显得小巧玲珑，但又有

终于见识了“欧洲步”

些滑稽！

齐克马上回公寓把篮板的事情告诉尼克，把拍到的照片给尼克看。尼克一点儿也不嫌弃它小，也不觉得它滑稽，反而欢呼雀跃地跳起来，喊道：“今天可以打篮球了！”

为了与这种方孔篮板“约会”，尼克调整了原定的旅行时间，放弃了去维也纳金色大厅听音乐会的可能，只在贝多芬纪念馆听了听原版的《命运交响曲》。

下午6点半，尼克出现在齐克早晨发现的那个篮球场。

需要特别纠正的是，这个篮球场是在多瑙河运河北岸，而不是多瑙河北岸。经过一天的旅行，齐克终于弄明白，他早晨走过的，不是多瑙河，而是多瑙河运河，普通的地图上没有标注，真正的、著名的蓝色多瑙河，距他们居住的地方还有数公里远！

可是北岸篮球场空空如也，一个打篮球的人也没有。幸亏齐克早有准备，他发现在多瑙河运河南岸，有一个同样的篮球场，而且他向尼克承诺，如果那里也没有人打，也就是说，尼克蹭不上别人的篮球，他就去买一个新篮球，打完了带回北京去！

站在北岸，透过篮球场的铁栏杆，就可以看见南岸的篮球场。经过仔细瞭望，齐克似乎看见一个篮球在南岸的球场里闪烁，他和尼克跑过去一看，果然，一个白人小伙儿正坐在“金鸡独立”的篮球架下休息，身边躺着一个半新不旧的篮球！

维也纳男孩塞昂传授篮球技术

尼克就这样如愿以偿地在维也纳打上了篮球。

那个白人小伙子叫塞昂，只有13岁，在维也纳上初中。他已经独自打了一个多小时篮球，非常欢迎尼克父子的加入，还主动邀请他们打了一场“一对二”的比赛！

塞昂很健谈，他说他们整个年级只有十多个人打篮球，平时他的球伴也不多，维也纳的户外篮球场都是这样的“铁家伙”。

塞昂已经练了几年球，能够背后和胯下运球，投篮技术也不错，还让尼克见识了什么是“欧洲步”。发现尼克的动作不准，他还主动教尼克如何传球、运球和投球！

一个多小时，塞昂对尼克父子非常友好和热情，约他们过几天再来打。当尼克告诉塞昂他们明天就要回北京时，塞昂表现出极大的遗憾！

值得一提的是，南岸篮球场就建在维也纳环城电车轨道的旁边，距离只有三四米远。尼克和塞昂打球的时候，有轨电车不断地来来往往，一不小心就会开进篮球场，好像有人要开着有轨电车去投篮。

齐克甚至想，要是有个篮球迷身上背着篮球，从车窗就可以投进铁链做的篮网，那种哗啦声，不知道会给平静的维也纳古城制造出什么效果！

尼克记住了塞昂教给他的篮球知识，也记住了形状特别的维也纳方孔篮板，在他童年的记忆里，这种形状与五线谱一样重要。

自然历史的“陷阱”

AUTHOR·齐克

尼克所到之处，首选是自然历史博物馆。

这次欧洲之行，8个城市中，普罗旺斯和因特拉肯没有自然历史博物馆，米兰的闭馆，其他5个城市，伦敦、巴黎、日内瓦、萨尔茨堡和维也纳，每个城市都有，尼克全看了。

当然，茉妞和齐克也随行接受了一次自然历史的全面教育。

每到一处，虽然文字不通，但尼克总可以在最短的时间内掌握它的总体布局，然后逐馆逐层逐间逐柜地观看，唯恐漏掉一个动物。

尼克对动物的识别能力已经很强，昆虫、鸟类、海洋动物，极少有他叫不上来名字的。虽然每个馆的重点内容和特色各有不同，但毕竟都是动物，重复率非常高。可尼克似乎每一次都像第一次参观那样，不厌其烦地从头开始。维也纳的自然历史博物馆是一所非

茉妞说

父母要当好孩子的听众，虽然有时候当听众也很累。

维也纳自然历史博物馆展品极丰富

常有特色的博物馆，他看完后马上就想看第二遍。如果不是赶时间，一个馆他可能会泡上一天或几天。

看展品的时候，尼克的沟通欲和讲解欲非常强，没有同道，茉妞和齐克就成了他的天然听众。有时，茉妞和齐克都听累了，尼克还在讲。

连续浏览自然历史博物馆，每隔两三天就会跟成千上万的动物标本见面，茉妞和齐克以为这样就会满足尼克与动物近距离接触的欲望，其实错也！

尼克最最盼望的，是到大自然中与活生生的动物相处，不管博物馆里有多少标本，都代替不了。于是，有几个晚上，尤其是在阿尔卑斯山区的那几个晚上，10点左右，齐克都会收到尼克的邀请，去户外路灯下寻找喜欢在夜间亲近光源的动物。不管什么动物，只要有，尼克就会高兴。

当然，此行他最盼望的是欧洲深山锹甲，却一只活的也没有见到，只在博物馆里看到大量标本。

此行尼克最大的收获是抓到了两只活的欧洲大锹，他想把它们带回中国，可非常担心过安检时被海关查出。

像这种活体动物，一般都是禁止携带出境的，怕给别的国家造成动物入侵。如果一定要带，都得到当地检疫部门办理复杂手续。

在国内，尼克经历过多次被机场安检扣留小动物。后来，只要他打算从外地带动物回北京，就改坐火车。

2012年寒假，他们一家竟然从三亚坐着火车回北京，就为了带回尼克在海南的蜈支洲岛上捉到的蚂蚱、螃蟹。

齐克为了给尼克带回活物，曾经发明过一种方法，把小动物放在一个纸盒里或玻璃瓶里，再装进行李中，只要小动物别乱动，过安检的时候，安检设备和安检人员就会把它当成牛肉干之类的东西，发现不了。

齐克曾经用这种方法给尼克从鄂尔多斯带回4只草原蜥蜴！

尼克决定用齐克传授的方法试一试，竟然成功了。走出首都机场三号航站楼的时候还不敢拿出来看，担心被海关发现收回去，直到坐上出租车才敢看。

两个小家伙安然地躲在塑料瓶里，它们完全没有意识到，自己已经告别欧洲，来到陌生而又遥远的北京。

尼克第二天就与王兆雄分享了欧洲大锹，这将是他今后一段时间骄傲的资本。

尼克真正能抓到的昆虫并不多，多数都是在博物馆里见到的，对昆虫的知识也主要来自书本和博物馆。

自然历史博物馆的建造，无疑是科学的进步，可有了它，父母就只愿意把孩子带到这里，而不想把他们放回自然中去，怕孩子受苦，怕孩子遭遇危险。

而再全面、再权威的博物馆，毕竟也都是别人研究过的东西，真正要让孩子具备创造能力，对人类有创造性的发现，必须走出博物馆，回到大自然中去，回到那些陌生的、新奇的，甚至危险和致命的动物身边去。

这对尼克是刺激的，具有巨大的诱惑力，但对茱妞和齐克却是一个巨大的挑战，甚至是“陷阱”。万一有一天，尼克说他要去赤道附近的热带雨林里与短吻鳄共同生活一年，他们会同意吗？

维也纳自然历史
博物馆门前

美味的“狗拉屎”

AUTHOR·尼克

参观完维也纳自然历史博物馆，我们决定就在博物馆里吃午饭。

在点菜的时候，我们都想喝一碗热汤，其中有一种汤叫goulash，茉妞念成了“狗拉屎”，我和齐克笑得前仰后合。

茉妞用手机一查，竟然是匈牙利牛肉汤！我们毫不犹豫地点了两份。

汤很快就上来了，浓稠的汤呈红色，口感绵软、细腻。牛肉鲜嫩多汁，融合了汤中番茄的味道。土豆、胡萝卜、洋葱和芹菜已经煮得很烂，香味都浸在了里面。

浓郁的汤汁、鲜嫩的牛肉和营养丰富的蔬菜，就像我们家这趟欧洲自由行，真是让人欲罢不能啊！

美味的牛肉汤

科学和美食的双重享受

为富鲁格号忏悔

AUTHOR · 齐克

维也纳机场。在通过了安检、确定了机场的商店里没有富鲁格号之后，尼克宽容地对齐克说："没事，老爸，我不要了！"

齐克却垂头丧气，满脸愧疚。

在萨尔茨堡莫扎特故居外的商店里，尼克看中了一款独特的小号，只有三四十厘米长。在别的地方没有见过，尼克说他的老师有一把这种小号，叫富鲁格号。尼克想买，茉妞也赞同。

当时，齐克正琢磨如何实现他的摄影构思，需要茉妞和尼克的配合。另外，他担心买了不好携带，不如到维也纳再买，从那里直接带回北京。

于是，茉妞和尼克小声嘀咕着要买下那款富鲁格号的时候，遭到齐克断喝："不许买，到维也纳再买！"

茉妞说

父母时常会犯错误，孩子学会宽容，会让父母反思自我。

齐克不知道自己当时的样子有多可怕，反正茉妞不敢再说话，尼克也嗫嚅道："我不买，我不买了。"

其实，齐克非常支持尼克购买乐器，而且曾经多次鼓励尼克再学几种乐器，比如萨克斯、吉他、小提琴什么的。

尼克痴情于小号，从未提出过买别的乐器，一度想换一把小号，由于现在手里的小号还可以用，为了不增加茉妞和齐克的经济负担，尼克最后还是放弃了。

起程时，齐克就承诺说到音乐之都维也纳后给尼克买一把小号，以他和茉妞的经济能力，完全承担得起。

尼克看中富鲁格号的地方不是维也纳，而是萨尔茨堡，就遭到齐克的拒绝，这太不公平。齐克也觉得自己做得过分，决定到维也纳弥补自己的过失。

到了维也纳之后，他安排了行程，把购买富鲁格号作为重要一项。

但让他没想到的是，找了好几家商店，都没找到富鲁格号，就寄希望于贝多芬纪念馆。

在维也纳城市花园对面的一个小巷子里找到了非常不起眼的贝多芬纪念馆，附设的商店没有开门，问唯一的工作人员，他说没有，问哪里有卖的，他说不知道。

齐克感到后悔，去机场以前，他让出租车司机带他们去维也纳的莫扎特纪念馆碰碰运气。没想到莫扎特纪念馆比贝多芬纪念馆强不到哪儿去，商店虽然开门，但卖的最复杂的乐器竟然只是一支玩具短笛。

错过了的富鲁格号

服务员说乐器行可能有富鲁格号，但星期天都不开门。

齐克很想撒开丫子在维也纳城寻找富鲁格号，可是要赶飞机，怕误了航班。最后，把宝押在机场商店。

齐克带着尼克和茉妞找遍了机场商店，没有。齐克问服务员，还担心人家听不懂，给人家比画着吹号的样子，人家还是微笑着摇摇头。

没办法，这次尼克注定要与富鲁格号失之交臂，齐克注定要失信于尼克了。

尼克反复说："我还有小号可以吹，老爸，用不着，我不想要了。"

儿子的宽容让齐克愈发愧疚，他不停地道歉并批判维也纳："对不起，儿子！可这个维也纳也太差劲了，连萨尔茨堡都不如！"

遇事找借口，抱怨别人，是齐克一贯的毛病，茉妞最受不了这个。没能满足儿子简单的愿望，茉妞心里生气，又听见齐克这样说，茉妞抓住机会批判齐克："当时就应该买，你只想着拍照片，根本没考虑儿子的感受！你常说你小时候挨爷爷训的时候，爷爷的样子有多可怕，你当时的样子恐怕比爷爷还可怕！"

齐克最怕茉妞拿自己和爷爷比，最恨以父权压制童心的家长。

为了掩饰内心巨大的痛苦，齐克恶作剧地跟茉妞耍赖皮："我不叫你们买，你们就不买了？"

茉妞被憋了个大闷宫，无言以对，急了眼，愤恨地举手要打：

“你还讲不讲理！”

齐克自知理亏，终于缴械投降。

茉妞得势不饶人，继续发挥：“自由行最能暴露人的弱点，正在谈恋爱的人要是自由行，本来该结婚的也得吹！”

尼克借题发挥：“我看这次自由行，你们俩玩的就是离婚的节奏！”

齐克马上故作严肃地说：“好孩子不拿父母的婚姻开玩笑！”

尼克马上借用齐克的句式替茉妞出了一口气：“我说离婚，你们就离婚了？”

茉妞也以牙还牙：“你说不开玩笑，我们就不开玩笑了？”

这句无赖式的狡辩成为茉妞和尼克嘲弄齐克的重要语法，这让他们想起了茉妞在伦敦发明的那个“石破天惊”的句子：“我们一边走，一边慢慢地往前走吧！”

他们就这样不断发出只有他们才明白的笑声，登上了回北京的飞机。

家是十二星级的酒店

AUTHOR · 茉妞

在萨尔茨堡，茉妞全家住在一家连锁型经济酒店，名字有趣，叫“all you need”，艺龙翻译成应有尽有酒店。

酒店房间朴素整洁，服务高效周到，有大大的餐厅供应三餐，全是自助，简单实用，与名字确实相符。

巧的是，在起程回国的头一天夜里，一家人从“孔夫子”中餐厅吃完饭出来散步时，发现桑佳的公寓楼不远处就是这家酒店在维也纳开设的连锁分店！

正为第二天的早餐没有着落而发愁的三个人立刻看到了希望，约定第二天的早餐在这里解决。

应有尽有，不负一家人重望。每人10欧元，一家三口在维也纳美美地吃了最后一顿饭，一顿“应有尽有”的自助早餐。

吃得差不多时，齐克起身去为全家取水果，茉妞向尼克解释这家店的店名，尼克一言不发地听了半天后，突然问道：“它是几星？”

“没星。怎么啦？”

“噢，如果每个人的家也可以算是酒店的话，我认为我们的家是十二星的！”

茉妞一下子充满了自豪感，陶醉在自己对十二星级酒店——家的想念里面。尼克接着又说：“咱家的炸酱面最好吃，得是十三星的！”

是啊，家里的炸酱面最好吃了，家是十二星级的酒店，我们马上就要回家喽！

再见欧洲，我们要回家喽

尼克旅途心得：孩子在路上是“有用的”！

01

父母危难，孩子救火!别不信，孩子往往是旅途上的110!

02

亲爱的父母们，你们一定要民主。否则，一旦决策失误，追悔莫及——不论在家里，还是在路上！

03

音乐才能有练出来的，可是真正伟大的音乐家，传达的是天籁之音，常人是捕捉不到的。

04

哎呀，那些被忘记的旅行故事！从现在开始，去一地，写一路，那是一家人最宝贵的精神财富！

代后记

六个心眼三人分

“队伍不好带，三个人六个心眼，太难领导了！”

这是茉妞的著名论断，也是茉妞作为大管家最成功也最失败的经验之谈。

那是2014年春节期间的夏威夷之旅，茉妞、齐克和尼克一家第一次境外自由行，也是茉妞第一次担任全程总指挥、总领队和总导游。

那次她犯下了一个违反人体极限的致命错误——一天安排三次飞行，总时长超过14个小时，遭到齐克和尼克的无情批评。再加上在夏威夷的许多活动中，三人意见不一致，常常是齐克和尼克联合起来反对她已经做出的安排，所以她才发出了上述感慨，意在批评齐克和尼克的反对意见太多，不服从她的管理和领导。

不料，话音刚落就遭到那时还没过11岁生日的尼克的强烈反击：“老妈你说得太对了，你一个人就有四个心眼，我和我爸一人只有一个，你还嫌少啊？”

茉妞顿时无语，齐克鼓掌！

暑假的欧洲之行，茉妞一度不愿承办，可是齐克提出了一个非常无耻的问题："你是喜欢挣钱还是喜欢花钱？"

茉妞自知工资略低于齐克，齐克是用单位时间的收入高低来逼她就范！

如果仅仅是这个原因，她宁可不去，也不愿意为一个因为工资高一点儿就盛气凌人的家伙提供复杂的出国事务服务。

你工资高那么几百块，年龄还大呢，吃得还多呢，家务干得还少呢，脾气还大呢，你神气什么？

可是挡不住尼克的请求！为了让孩子开开眼界，为了让孩子看到自己的高风亮节，茉妞淑女不计小人过，再次忍辱负重，接过三人欧洲五国自由行的所有前期准备工作！

从5月底开始，办护照、办签证、订机票、订欧铁通票、订宾馆，除了一次英国大使馆要求齐克和尼克必须到场的指纹录入之外，茉妞没用他们爷儿俩操半点儿心。

等一切手续全部搞定之后，茉妞长长地出了口气，也向齐克和尼克摆开了自己的功劳簿，同时对他们提出了严格的要求：只许说好，不许说坏，还把各城市导游的任务交给了齐克。

三个背包六双鞋，三顶帽子六只眼，三张嘴巴百颗牙，三条舌头品味欧罗巴！

15天，5个国家，8个城市，一家三口，吵吵闹闹，说说笑笑。六个心眼可能没有，但三个心眼却一个也不少。

操心的是茉妞，手里攥着大把订单、机票、火车票，身后还跟着两个饶舌男！

开心的是尼克，天天看美景，吃美食，高兴了就写篇“舌尖体”，让国内的阿姨大叔哥们儿咽着口水过过眼瘾。

忧心的是齐克，他每天都在琢磨，如果真有六个心眼，他该怎么分配？还轮得到他分配吗？

其实，齐克的真实想法是：如果真有六个心眼，他一个也不要，5个给茉妞，让她管好这个家；该属于尼克的那个就给他，让他健健康康、普普通通、快快乐乐地长大成人。

图书在版编目（CIP）数据

三支笔的家庭旅行 / 刘开太，白春燕，刘明银著
. -- 北京：中国妇女出版社，2015.6

ISBN 978-7-5127-1125-9

Ⅰ. ①三… Ⅱ. ①刘… ②白…③刘… Ⅲ. ①家庭教育—通俗读物 Ⅳ. ①G78-49

中国版本图书馆CIP数据核字（2015）第126138号

三支笔的家庭旅行

作　　者：刘开太　白春燕　刘明银　著
策划编辑：孔　姿
责任编辑：姜　喆　应　莹
文字编辑：孔　姿
封面设计：吴晓莉
责任印制：王卫东
出版发行：中国妇女出版社
地　　址：北京东城区史家胡同甲24号　　邮政编码：100010
电　　话：（010）65133160（发行部）　65133161（邮购）
网　　址：www.womenbooks.com.cn
经　　销：各地新华书店
印　　刷：北京楠萍印刷有限公司
开　　本：150×215　1/16
印　　张：17.5
字　　数：180千字
版　　次：2015年6月第1版
印　　次：2015年6月第1次
书　　号：ISBN 978-7-5127-1125-9
定　　价：39.80元